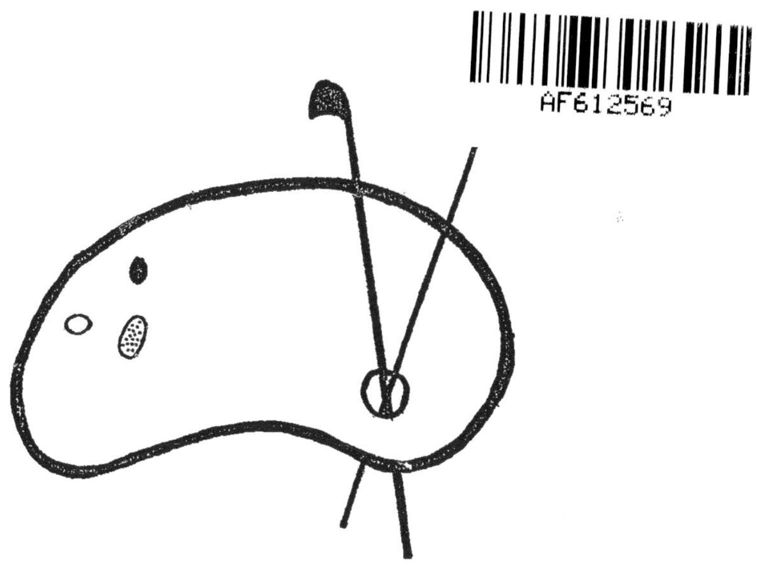

BIBLIOTHÈQUE SOCIALISTE INTERNATIONALE
PUBLIÉE SOUS LA DIRECTION DE ALFRED BONNET
VI

RÉVOLUTION
ET
CONTRE-RÉVOLUTION
EN ALLEMAGNE

PAR

KARL MARX

Traduit par Laura Lafargue

PARIS
V. GIARD & E. BRIÈRE
16, Rue Soufflot, 16
1900

A LA MÊME LIBRAIRIE

BIBLIOTHÈQUE SOCIALISTE INTERNATIONALE

(SÉRIE IN-18).

I. **Deville (G.).** — *Principes socialistes*, 1898. 2e édit. Un vol. in-18. 3 50

II. **Marx (Karl).** — *Misère de la Philosophie.* Réponse à la philosophie de la misère de M. Proudhon. 1896. — Un vol. in-18...... 3 50

III **Labriola (Antonio).** — *Essais sur la conception matérialiste de l'histoire*. 1897. Avec préface de G. Sorel. Un vol. in-18... 3 50

IV. **Destrée J.** et **E. Vandervelde.** — *Le Socialisme en Belgique.* 1898. 1 vol. in-18.. 3 50

V. **Labriola (Ant.).**—*Socialisme et Philosophie.*1899 Un vol. in-18 2 50

(SÉRIE IN-8).

I. **Webb (Béatrix et Sidney).** — *Histoire du Trade-Unionisme.*1897. 1 vol. in-8.. 10 »

LE DEVENIR SOCIAL

Revue internationale d'économie, d'histoire et de philosophie.

La première année (1895). 1 fort volume gr. in-8....... 13 50
La deuxième année (1896). 1 très fort volume gr. in-8... 18 »
La troisième année (1897). 1 très fort volume gr. in-8... 18 »
La quatrième année (1898). 1 très fort volume gr. in-8... 18 »
La Collection complète (années 1995 à 1898). Prix....... 60 »

Ont été publiés dans cette Revue des articles de :

MM. H. Lagardelle, J. David, Ed Fortin, Ch. Bonnier, K. Kautsky, Gabriel Deville, Antonio Labriola, G. Plekhanoff, Paul Lafargue, L. Héritier, A. Tortori, Ad. Zerboglio, G. Sorel, Bened. Croce, Kovalewsky, Isaieff, Arturo Labriola, P. Lavroff, G. Platon, G. Salvioli, Conrad Schmids, E. Bertstein, E. Vandervelde, Enrico Ferri, Revelin, etc.

Colajanni (N.). — *Le Socialisme*. 1900. Un vol. in-18........ 3 50

Einaudi (L.). — *Les Formes et les transformations de l'économie agraire du Piémont*. 1897. Une brochure gr. in-8.............. 1 50

Einaudi (L.). — *La Municipalisation du sol dans les grandes villes.* 1898. Broch. gr. in-18........................ 2 »

Ferri (Enrico). *Socialisme et Science positive* (Darwin, Spencer, Marx). 1896. Un vol. in-8........................ 4 »

Guesde (Jules).—*Le Socialisme au jour le jour.*1899. 1 vol. in-18 3 50

Issaieff (A.). — *Aperçu sur le présent et l'avenir de l'état économique de la Russie*. 1897. Une broch. gr. in-8............ 2 »

Lafargue (P.). — *La fonction économique de la Bourse*. 1897. Broch. in-8.. 1 50

Lafargue (P.). — *Recherches sur l'origine de l'idée de justice et de l'idée du bien*. 1900. Une broch. gr. in-8.............. 2 50

Lafargue (P.). — *Pamphlets socialistes*. 1900. Un vol. in-18.... 1 50

Lavroff (P.).— *Le Progrès*. Théorie et pratique. 1895. Br. gr. in-8 2 »

Lavroff (P.). — *Quelques survivances dans les temps modernes*. 1897. Broch. gr. in-8.. 3 50

Lazare (B.). — *Histoire des doctrines révolutionnaires*. 1896. Brochure gr. in-8.. » 50

Marx (Karl) et **Fr. Engels.** — *Manifeste du parti communiste*. 1897. Broch. in-8.. » 20

Marx (Karl). — *Salaires. Prix. Profits*. 1899. Une broch. in-18. » 50

Merlino (S.). — *Formes et Essence du Socialisme*. 1898. 1 vol. in-18 3 50

Platon (G.). — *Le Socialisme en Grèce*. 1895. Une broch. gr. in-8. 3 50

Rienzi (H. Van Kol). — *Socialisme et Liberté*. 1898. Un vol. in-18 3 »

Salvioli (G.). — *La Nationalisation du sol en Allemagne*. 1897. Broch. gr. in-8.. 1 »

Sombart (W.). — *Le Socialisme et le Mouvement social au dix-neuvième siècle*. 1898. Un vol. in-18........................ 2 »

Vandervelde (E.). — *Législation ouvrière*. La loi belge du 15 juin 1896 sur les règlements d'ateliers. 1897. Une broch. gr in 8........ 1 50

Virgilii (F.). — *La Vie agricole en Italie* (Emilie). 1897. Une Brochure gr. in-8.. 1 »

Virgilii (F.). — *La législation ouvrière en Italie*. 1897. Br. gr. in-8. 1 »

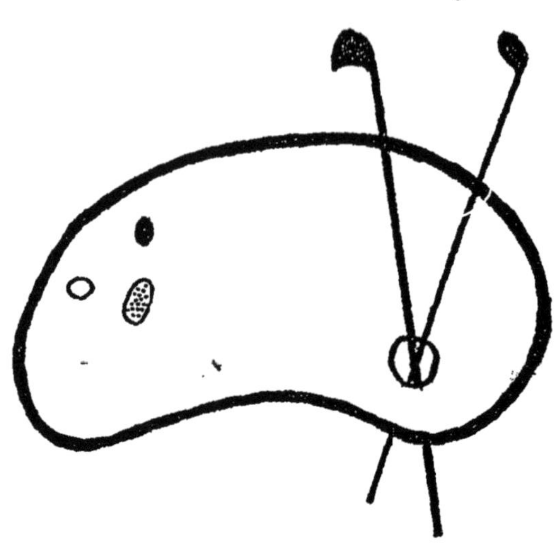

FIN D'UNE SERIE DE DOCUMENTS
EN COULEUR

RÉVOLUTION

ET

CONTRE-RÉVOLUTION

EN ALLEMAGNE

BIBLIOTHÈQUE SOCIALISTE INTERNATIONALE
PUBLIÉE SOUS LA DIRECTION DE ALFRED BONNET
~~VI~~ 6

RÉVOLUTION
ET
CONTRE-RÉVOLUTION
EN ALLEMAGNE

PAR

KARL MARX

Traduit par Laura Lafargue

2 exemplaires

PARIS
V GIARD & E. BRIÈRE
16, Rue Soufflot, 16

1900

PRÉFACE

La série d'articles sur la Révolution et la contre-Révolution en Allemagne qui, avec l'article sur le Procès Communiste de Cologne, forment le contenu de ce petit volume, furent écrits par Karl Marx en 1851-52, pour la *New-York Daily Tribune*. Ce journal anglo-américain, fondé en 1841 par Horace Greeley, ancien typographe, était fouriériste alors et préconisait la création de phalanstères. A l'heure présente la *Tribune* est un journal capitaliste ordinaire.

Par les soins d'Eleanor Marx, ces articles furent recueillis et réimprimés sous forme de volume, en 1896, à Londres, 45 ans après leur publication à New-York.

Notre traduction est faite sur cette édition anglaise qui reproduit le texte original.

Ecrits à la même époque que la *Lutte des*

classes en France, le *Dix-huit brumaire de Louis Bonaparte* et les *Révélations sur le Procès Communiste de Cologne*, ces articles portent la marque du moment révolutionnaire qu'ils exposent et d'où ils sont nés.

Les événements que Karl Marx y relate aussi puissamment que simplement et spirituellement, il les avait *vécus*, et dans l'analyse et la critique qu'il en fait, il fournit la preuve, une fois de plus, de ce « don merveilleux », que lui reconnaît Engels, « de saisir le caractère, la portée et les conséquences nécessaires des grands événements historiques, à l'heure même où ces événements se déroulent encore sous les yeux ou ne viennent que de s'accomplir ».

Il étudie la Révolution comme un procès historique qui obéit à des lois historiques ; et au milieu de ce monde chaotique, de cette matière coulante et fluante, il sait discerner mieux que personne « la portion dans l'amas de faits apparemment fortuits, hétérogènes et incohérents, qui fera partie de l'histoire universelle ».

LAURA LAFARGUE.

RÉVOLUTION
ET
CONTRE-RÉVOLUTION

I

L'ALLEMAGNE A LA VEILLE DE LA RÉVOLUTION

LONDRES, Septembre 1851.

Le premier acte du drame révolutionnaire joué sur le continent Européen est fini. Les « puissances d'hier », d'avant l'ouragan de 1848, sont de nouveau les « puissances du jour » ; et les maîtres éphémères, plus ou moins populaires, gouverneurs provisoires, triumvirs, dictateurs, avec leur queue de représentants, commissaires civils et militaires, préfets, juges, généraux, officiers et soldats, sont jetés sur des rives étrangères et « transportés au delà des mers », en Angleterre ou en Amérique, afin d'y établir de nouveaux gouvernements *in partibus infidelium*, des comités européens, des comités centraux, des comités nationaux, et d'annoncer leur avènement par des proclamations tout aussi solennelles que celles de n'importe quels potentats moins imaginaires.

Une défaite aussi insigne que celle subie par le parti révolutionnaire ou plutôt *les partis* révolutionnaires ne saurait s'imaginer. Mais qu'est-ce à dire ? La lutte de la bourgeoisie britannique pour la suprématie sociale et politique n'a-t-elle pas embrassé 48 ans, celle de la bourgeoisie française 40 ans de lutte sans exemple ? Et leur triomphe fut-il jamais aussi proche qu'à l'heure même où la monarchie restaurée se croyait plus solidement établie que jamais ? Les temps sont passés, il y a beaux jours, où la superstition attribuait les révolutions à la malveillance d'une poignée d'agitateurs. Tout le monde sait, à l'heure présente, que derrière toute convulsion révolutionnaire il doit exister quelque besoin social que les institutions surannées empêchent de satisfaire. Ce besoin peut ne pas se faire sentir assez profondément, assez généralement encore pour assurer un succès immédiat, mais toute tentative de le réprimer par la violence ne fera que le faire repousser avec plus de force jusqu'à ce qu'il brise ses entraves.

« Si donc nous avons été battus, tout ce que nous avons à faire, c'est de recommencer par le commencement, et l'intervalle de répit, de courte durée, il est probable, qui nous est accordé entre la fin du premier et le commencement du second acte, nous laisse le temps, heureusement, pour une besogne des plus utiles : l'étude des causes qui nécessitèrent tout ensemble la récente révolution et sa défaite ; causes que l'on ne doit pas chercher dans les efforts, talents, fautes, erreurs ou « trahisons » de quelques-uns des chefs, mais dans l'état social général et la condition d'existence de chacune des nations bouleversées. »

C'est un fait généralement reconnu que les mouvements improvisés de Février et de Mars 1848, n'étaient pas l'œuvre d'individus isolés, mais des manifestations spontanées, irrésistibles, de besoins plus ou moins clairement compris, mais très distinctement sentis par nombre de classes en chaque pays ; or, lorsque vous vous enquerrez des causes des succès de la contre-révolution, vous recevez de tous côtés la facile réponse que c'est Monsieur un tel ou le citoyen tel autre qui a « trahi » le peuple. Laquelle réponse peut être vraie ou non, selon le cas ; mais en aucune circonstance elle n'explique quoi que ce soit, et ne montre même pas comment il s'est fait que le « peuple » se soit laissé trahir de la sorte. Et quelle piètre chance court un parti politique qui, pour tout bagage, n'a que la connaissance de ce fait solitaire que le citoyen A ou B n'est pas digne de confiance.

L'examen et l'exposition des causes aussi bien de la tourmente révolutionnaire que de sa répression sont d'ailleurs d'une importance capitale au point de vue historique. Toutes ces querelles, ces récriminations mesquines et personnelles, toutes ces assertions contradictoires, — que c'étaient Marrast ou Ledru-Rollin, ou Louis Blanc, ou tout autre membre du gouvernement provisoire, ou tous ensemble, qui avaient guidé la révolution au travers des rochers sur lesquels elle sombra — quel intérêt peuvent-elles avoir, quel éclaircissement peuvent-elles fournir à l'Américain ou à l'Anglais qui a observé tous ces mouvements divers de trop loin pour qu'il ait pu distinguer le détail des opérations ? Nul homme dans son bon sens ne croira jamais que onze individus, pour la plupart médiocrement doués pour le bien comme pour le mal, aient pu, dans l'espace de trois mois, ruiner une nation de 36 millions, à moins que ces 36 millions d'hommes n'aient été tout aussi déroutés que les onze. Mais comment il se fit que 36 millions d'hommes, dont une partie tâtonnaient dans l'obscurité, fussent tout à coup appelés à déterminer eux-mêmes la voie à suivre et comment ils s'égarèrent alors, et comment leurs vieux chefs purent pour un instant reprendre la direction — voilà précisément ce dont il s'agit.

Si nous essayons d'exposer aux lecteurs de *La Tribune* les causes qui, tout en nécessitant la révolution allemande en amenèrent aussi inévitablement la répression en 1849 et 1850, on n'attendra pas de nous que nous fassions l'histoire complète des événements tels qu'ils se sont passés en ce pays. Des événements ultérieurs et le jugement des générations à venir auront à décider quelle portion de cet amas de faits, apparemment fortuits, hétérogènes et incohérents, doit faire partie de l'histoire universelle. L'heure n'est pas encore venue pour une tâche pareille. Il faut nous tenir dans les limites du possible, et nous contenter si nous réussissons à découvrir des causes rationnelles, fondées sur des faits indiscutables, pour expliquer les principaux événements et vicissitudes de ce mouvement et indiquer la direction que la prochaine explosion, peu éloignée peut-être, imprimera au peuple allemand.

Et premièrement, quelle était la situation de l'Allemagne au moment où éclata la révolution ?

La composition des différentes classes du peuple qui forment la base de toute organisation politique était plus compliquée en Allemagne que dans les autres pays. Tandis qu'en Angleterre et en France la féodalité était, ou complètement détruite, ou du moins réduite, comme dans le premier de ces pays, à quelques formes insignifiantes, par une riche et puissante bourgeoisie concentrée dans la capitale, la noblesse féodale en Allemagne avait conservé un grand nombre de ses anciens privilèges. Le système féodal de tenure dominait presque partout. Les seigneurs territoriaux avaient même conservé la juridiction sur leurs dépendants. Privés de leurs privilèges politiques, du droit de contrôle sur les princes, ils avaient gardé presque toute la suprématie du moyen âge sur les paysans de leurs domaines, aussi bien que l'exemption des taxes. Dans certaines localités la féodalité était plus florissante que dans d'autres, mais nulle part, sauf sur la rive gauche du Rhin, elle n'était ruinée entièrement. Cette noblesse féodale, extrêmement nombreuse alors, et en partie très opulente, était considérée officiellement comme le premier « état » du pays. Elle fournissait les hauts fonctionnaires du gouvernement et presque exclusivement les officiers de l'armée.

La bourgeoisie d'Allemagne était loin d'être aussi riche et aussi concentrée que celle de la France ou de l'Angleterre. Les anciennes manufactures de l'Allemagne avaient été ruinées par l'introduction de la vapeur et la rapide extension et prédominance de l'industrie anglaise. Les industries plus modernes, créées sous le système continental de Napoléon, établies dans d'autres parties du pays, ne compensaient pas la perte des anciennes et ne suffisaient pas pour donner à l'industrie une influence assez prépondérante pour forcer les gouvernements, jaloux de toute extension de richesses et de pouvoir autre que celle de la noblesse, à considérer ses besoins. Si la France sut conduire victorieusement son industrie de la soie à travers cinquante ans de révolutions et de guerre, l'Allemagne, pendant le même laps de temps, perdait, ou peu s'en fallait, son ancienne industrie de la toile. Les districts manufacturiers, d'ailleurs, étaient peu nombreux, disséminés, et situés tout à fait à l'intérieur du pays; et comme ils se servaient généralement des ports étrangers, hol-

landais et belges, pour l'importation et l'exportation, ils avaient peu ou point d'intérêts en commun avec les grandes villes des ports de mer de la Baltique et de la mer du Nord ; ils étaient, avant tout, impuissants à créer de grands centres manufacturiers et commerciaux tels que Paris et Lyon, Londres et Manchester. Cet état arriéré de l'industrie allemande avait des causes multiples, mais il y en a deux qui suffisent pour l'expliquer : la situation géographique peu favorable du pays, éloigné de l'Atlantique, devenue la grande route pour le commerce mondial, et les guerres perpétuelles dans lesquelles l'Allemagne était engagée et qui se sont succédé sur son territoire du XVIe siècle jusqu'à nos jours. C'était le défaut de masses, et particulièrement de masses tant soit peu concentrées, qui empêcha la bourgeoisie d'Allemagne d'acquérir cette suprématie politique que le bourgeois anglais possède depuis 1688 et que le bourgeois français a conquis en 1789.

Et cependant, depuis 1815, les richesses et, avec les richesses, l'influence politique de la bourgeoisie allemande s'accroissaient toujours. Les gouvernements furent contraints, bien qu'à contre-cœur, de s'incliner tout au moins devant ses intérêts matériels les plus immédiats. On peut même dire que, de 1815 à 1830 et de 1832 à 1840, chaque parcelle d'influence politique qui après avoir été concédée à la bourgeoisie dans la constitution des petits Etats, leur fut de nouveau arrachée pendant la période de réaction politique indiquée plus haut, que chaque parcelle de cette influence fut compensée par la concession de quelque avantage pratique. Chaque défaite politique de la bourgeoisie entraîna à sa suite une victoire dans le domaine de la législation commerciale. Et, certes, le tarif protecteur prussien de 1818 et la formation du *Zollverein* (1) (union douanière) avaient une autre valeur pour les commerçants et les manufacturiers d'Allemagne que le droit équivoque d'exprimer dans la Chambre de quelque minuscule duché leur manque de confiance en des ministres qui se moquaient de leurs votes.

Avec l'accroissement de sa richesse et l'extension de son commerce, la bourgeoisie entra bientôt dans une phase où elle vit le développement de ses plus chers intérêts enrayé par la constitution politique du pays, divisé au hasard entre 36 princes, aux tendances et aux caprices contradictoires ; par les chaînes féodales qui entravaient l'agriculture et le commerce qui s'y rattachait ; par la surveillance vexatoire qu'une bureaucratie aussi ignorante qu'arrogante exerçait sur toutes les transactions. En même temps l'extension et la consolidation du *Zollverein*, l'introduction générale de la vapeur dans les moyens de communication, la concurrence croissante sur le marché intérieur, rapprochaient les classes commerciales des différents Etats et provinces, uniformisaient leurs intérêts et centralisaient leur force. La conséquence naturelle fut le passage de ces classes dans le camp de l'opposition libérale et l'issue victorieuse de la première lutte sérieuse de la bourgeoisie allemande pour le pouvoir politique. Ce changement peut se dater de 1840, de l'époque où la bourgeoisie prussienne prit la direction du mouvement de la bourgeoisie d'Allemagne. Nous reviendrons sur ce mouvement de l'opposition libérale de 1840-47.

La grande masse de la nation qui n'appartenait ni à la noblesse ni à la bourgeoisie, se composait, dans les villes, de la classe des petits bourgeois et des ouvriers et, dans la campagne, des paysans.

La petite bourgeoisie est extrêmement nombreuse en Allemagne par suite du peu de développement de la classe des grands capitalistes et industriels dans ce pays. Dans les grandes villes elle forme à peu près la majorité des habitants, dans les petites villes elle prédomine absolument, grâce à l'absence de concurrents riches et influents. Cette classe, d'une grande importance dans tout Etat politique moderne, est d'une importance capitale en Allemagne où, pendant les luttes récentes, elle a, la plupart du temps, joué un rôle décisif. Sa position intermédiaire entre la classe des grands capitalistes, des commerçants et des industriels, la bourgeoisie proprement dite, et la classe des prolétaires, lui imprime son caractère distinctif. Elle aspire à la position de la première, mais le moindre revers de fortune précipite les individus de cette classe dans le rang de la seconde. Dans les pays monarchiques et féodaux la petite bourgeoisie a besoin, pour exister, de la cour et de l'aristocratie ; la perte de cette clientèle en ruinerait une grande partie. Dans les villes d'importance moindre, une garnison militaire, un gouvernement de cercle, une cour de justice avec sa suite, forment très souvent la base de la prospérité de ces petits bourgeois : supprimez ces institutions et vous ruinez les petits boutiquiers, tailleurs, cordonniers, menuisiers, etc. Sans cesse ballotté de la sorte, entre l'espoir de s'élever aux rangs de la classe plus riche et la peur d'être réduite à l'état de prolétaires, ou même à celui d'indigents, entre l'espoir d'avancer ses intérêts par la conquête d'une part dans la direction des affaires politiques et la crainte de provoquer par une opposition intempestive la colère d'un gouvernement qui dispose de son existence même, puisqu'il peut lui enlever ses meilleurs clients, possédant peu de moyens et dont l'insécurité est en raison inverse de la grandeur, cette classe a les vues les plus vacillantes.

Humble et bassement soumise sous un gouvernement féodal ou monarchique puissant, elle penche pour le libéralisme quand la bourgeoisie est dans l'ascendant ; elle a de violents accès démocratiques aussitôt que la bourgeoisie a conquis sa propre suprématie, et elle retombe dans le découragement d'une peur abjecte dès que la classe au-dessous d'elle, le prolétariat, tente un mouvement indépendant. Nous verrons tout à l'heure comment cette classe passe alternativement d'une de ces phases à l'autre.

La classe ouvrière en Allemagne, en ce qui concerne le développement social et politique, est aussi arriéré vis-à-vis de celle d'Angleterre et de France que la bourgeoisie allemande retarde sur celle de ces pays. Tel maître, tel valet. L'évolution des conditions d'existence d'une classe prolétarienne nombreuse, forte, concentrée et intelligente, marche de pair avec le développement des conditions d'existence d'une classe bourgeoise riche, concentrée, et puissante. Le mouvement de la classe ouvrière n'est jamais indépendant, ne possède jamais un caractère exclusivement prolétarien avant que les différentes fractions de la bourgeoisie et particulièrement la fraction la plus progressive, les grands industriels, n'aient conquis le pouvoir politique et transformé l'Etat au gré de leurs besoins. C'est alors que l'inévitable conflit entre le patron et l'employé est imminent et ne peut plus être ajourné ; que la classe ouvrière ne se laisse plus repaître d'espérances illusoires et de promesses qui ne seront jamais réalisées ; que le grand problème du XIXe siècle, l'abolition du salariat, apparaît enfin clairement et dans son vrai jour. Or, en Allemagne, la grande majorité de la classe ouvrière n'était pas employée par ces princes de l'industrie moderne, dont la Grande Bretagne fournit de si magnifiques exemplaires, mais par de petits artisans, dont tout le système manufacturier est bonnement une relique du moyen âge. Et de même qu'il existe une différence énorme entre le grand fabricant et le petit savetier ou le maître tailleur, de même l'ouvrier de fabrique si éveillé des Babylones manufacturières modernes se distingue du tout au tout du timoré journalier tailleur ou ébéniste d'une petite ville de campagne dont les circonstances de vie et le mode de travail diffèrent peu de ceux de ses semblables d'il y a cinq cents ans. Cette absence générale des conditions d'existence modernes, des modes de production industrielle modernes, était accompagnée, comme de juste, par une absence presque aussi générale d'idées modernes. C'est pourquoi il n'y a pas lieu de s'étonner de ce que, à l'explosion de la révolution, une grande partie des travailleurs ait réclamé à grands cris le rétablissement immédiat des corporations de métiers privilégiées du moyen âge. Cependant, grâce aux districts manufacturiers, où prédominait le système de production moderne, aux facilités de communication et au développement intellectuel dû à la vie nomade d'un grand nombre de travailleurs, il se forma un puissant noyau d'éléments dont les idées sur l'émancipation de leur classe étaient plus claires et plus en harmonie avec les faits existants et les nécessités historiques. Mais ce n'était là qu'une minorité. Si le mouvement actif de la bourgeoisie date de 1840, celui de la classe prolétarienne débuta par les insurrections des ouvriers de fabrique de la Silésie et de la Bohême en 1844 et nous aurons bientôt l'occasion de passer en revue les différentes étapes parcourues par ce mouvement.

En dernier lieu il y avait la grande classe des petits fermiers, de la paysannerie, laquelle, avec son appendice de valets de ferme, constitue une notable majorité de la nation entière. Mais cette classe se subdivise elle-même en différentes fractions. Il y avait tout d'abord les fermiers jouissant de quelque aisance, appelés en Allemagne *Gross und Mittel-Bauern* (grands et moyens paysans), qui étaient propriétaires de fermes plus ou moins importantes et disposaient les uns et les autres des services de plusieurs ouvriers agricoles. Pour cette classe, placée entre les grands propriétaires fonciers, exempts de taxes, et les paysans et les valets de ferme, la tactique politique la plus naturelle consistait, pour des raisons évidentes, dans une alliance avec la bourgeoisie antiféodale des villes. Puis, il y avait les petits tenanciers libres qui prédominaient dans le pays du Rhin, où la féodalité avait succombé sous les formidables coups de la Révolution française. De semblables petits francs-tenanciers indépendants existaient aussi, çà et là, dans d'autres provinces où ils étaient parvenus à racheter les servitudes féodales qui jadis grevaient leurs terres. Ces petits propriétaires cependant n'étaient libres que de nom, leurs biens-fonds étant pour la plupart hypothéqués à un tel point et dans de si onéreuses conditions que le véritable propriétaire était non le paysan mais l'usurier qui lui avait avancé l'argent. En troisième lieu, les tenanciers féodaux, qu'il était malaisé de chasser de leurs tenures, mais qui devaient payer une rente perpétuelle, ou fournir à perpétuité, au seigneur, une certaine somme de travail. Enfin, les ouvriers agricoles, dont la condition, sur nombre de grandes propriétés, était absolument pareille à celle de la même classe en Angleterre, et qui, mal nourris et esclaves de leurs maîtres, toujours vécurent et moururent pauvres. Ces trois dernières classes de la population agricole, les petits tenanciers libres, les tenanciers féodaux et les ouvriers agricoles, ne s'étaient guère, avant la Révolution, cassé la tête avec la politique, mais il est évident que cet événement a dû leur ouvrir une carrière nouvelle, aux plus brillantes perspectives. A chacune d'elles la Révolution promettait des avantages, et il fallait s'attendre à ce que chacune, tour à tour, se joindrait au mouvement, une fois celui-ci pleinement engagé. Ce qui est tout aussi évident et qui ressort également de l'histoire de tous les pays modernes, c'est que la population agricole, par suite de son éparpillement sur une grande étendue de territoire, et de la difficulté de créer une entente parmi une grande partie d'entre elle, ne pourra jamais tenter un mouvement indépendant victorieux. Il lui faut une impulsion initiale des habitants des villes, plus concentrés, plus éclairés, plus faciles à mouvoir.

Cette courte esquisse des classes les plus importantes, qui dans leur ensemble constituaient la nation allemande à l'heure de l'explosion du récent mouvement, suffira pour expliquer, en grande partie, l'incohérence, l'inconséquence et la contradiction apparente qui caractérisaient ce mouvement. Quand des intérêts aussi variés, aussi opposés,et qui s'entrecroisent aussi étrangement, en viennent à se heurter violemment ; quand ces intérêts opposés sont mêlés dans des proportions différentes en chaque district, en chaque province ; quand, par dessus tout, il n'y a pas de grand centre dans le pays, point de Londres, point de Paris, qui puisse par le poids de ses décisions obvier à la nécessité de régler la même dispute toujours à nouveau dans chaque localité, il faut s'attendre à voir la lutte se résoudre en un amas de combats isolés et sans liaison, où sera dépensée une quantité énorme de sang, d'énergie et de capitaux et où cependant aucun résultat définitif ne sera acquis.

Le démembrement politique de l'Allemagne en trois douzaines de principautés plus ou moins importantes, s'explique de même par cette confusion et multiplicité des éléments qui composent la nation et qui, par surcroît, varient dans chaque localité. Là où il n'y a pas d'intérêts communs, il ne saurait y avoir unité de but et encore moins d'action. Il est vrai que la confédération allemande fut déclarée indissoluble à perpétuité, mais la confédération et son organe, la Diète, n'ont jamais représenté l'unité allemande. Le plus haut degré de centralisation qu'on atteignit jamais en Allemagne, ce fut l'établissement du *Zollverein*, qui força les Etats de la mer du Nord à créer, eux aussi, une union douanière propre, tandis que l'Autriche continua de se retrancher derrière son tarif prohibitif particulier. L'Allemagne eut la satisfaction d'être partagée, pour tous les buts pratiques, entre trois pouvoirs indépendants seulement, au lieu de l'être entre trente-six. La prépotence souveraine du czar russe, telle qu'elle fut établie en 1814, n'en resta pas moins intacte.

Ayant déduit ces conséquences préliminaires de nos prémisses, nous verrons par la suite comment ces diverses classes du peuple allemand furent mises en branle les unes après les autres, et quel caractère prit le mouvement quand éclata la Révolution française de 1848.

II

LE ROI DE PRUSSE ET L'OPPOSITION

LONDRES, Septembre 1851.

Le mouvement politique de la bourgeoisie en Allemagne date de 1840. Des symptômes précurseurs avaient montré que la classe capitaliste et industrielle de ce pays atteignait un degré de maturité qui ne lui permettrait plus de rester inerte et apathique sous la pression d'une monarchie anti-féodale, mi-bureaucratique. Les principicules allemands, dans le but, d'une part, de se rendre plus indépendants de la suprématie de l'Autriche et de la Prusse, ou de l'influence de la noblesse de leurs propres Etats, d'autre part, de consolider en un tout les provinces isolées, réunies sous leur domination par le congrès de Vienne, octroyèrent, les uns après les autres, des constitutions plus ou moins libérales. Ils le pouvaient sans se nuire à eux-mêmes. Car dans le cas où la Diète de la confédération, cette simple marionnette dans les mains de l'Autriche et de la Prusse, aurait essayé de porter atteinte à leur indépendance souveraine, ils étaient sûrs, s'ils lui résistaient, d'être soutenus par l'opinion publique et les Chambres ; que si, au contraire, les Chambres devenaient trop puissantes, il leur était loisible de se servir du pouvoir de la Diète pour mater l'opposition. Les constitutions de la Bavière, du Würtemberg, de Bade et du Hanovre ne pouvaient, dans ces circonstances, donner lieu à une lutte sérieuse pour le pouvoir politique. C'est pourquoi la grande majorité de la bourgeoisie allemande demeura généralement étrangère aux disputailleries qui s'élevaient dans les assemblées législatives des petits Etats, sachant bien que tout effort, toute victoire secondaire serait inefficace sans une transformation fondamentale de la politique et de la constitution des deux grandes puissances d'Allemagne. Or, à cette même époque, surgissait dans ces petites assemblées une race d'avocats libéraux, professionnels de l'opposition, les Rotteck, les Welcker, les Roemer, les Jordan, les Stieve et les Eisenmann, ces grands « hommes populaires » (Volksmänner) qui, après une opposition plus ou moins bruyante, mais toujours malheureuse, de plus de vingt ans, furent portés au faîte du pouvoir par la marée montante de 1848, et qui après y avoir fourni la preuve de leur parfaite impéritie et insignifiance, furent jetés à bas en un instant. Ces premiers spécimens, sur le sol allemand, de traficants en matière de politique et d'opposition, accoutumèrent les oreilles allemandes au langage du constitutionalisme, et de par leur simple existence firent pressentir un temps prochain où la bourgeoisie s'emparerait, en leur restituant leur véritable signification, des phrases politiques que ces avocats et professeurs babillards employaient couramment sans bien se rendre compte du sens qu'on y attachait à l'origine.

La littérature allemande, elle aussi, subissait l'influence de l'agitation politique qui travaillait l'Europe depuis les événements de 1830. Presque tous les écrivains de l'époque préconisaient un constitutionalisme informe ou un républicanisme plus informe encore. De plus en plus il devenait courant, notamment chez les gens de lettres de second ou de troisième ordre, de racheter la médiocrité des œuvres littéraires par des allusions politiques, toujours sûres d'attirer l'attention. La poésie, le roman, le drame, les revues, toutes les productions littéraires débordaient de ce qu'on appelait *la tendance*, c'est-à-dire de manifestations plus ou moins timides d'un esprit anti-gouvernemental. Pour mettre le comble à la confusion des idées qui régnait en Allemagne après 1830, il se mêlait à ces éléments d'opposition politique des ressouvenirs universitaires de philosophie allemande mal digérée et des bribes de socialisme français mal compris, particulièrement du Saint-Simonisme, et la clique de littérateurs qui s'étendaient sur cet amalgame d'idées hétérogènes, eurent la présomption de s'appeler la « Jeune Allemagne ». Depuis lors ils se sont repentis de leurs péchés de jeunesse, sans avoir amélioré leur style.

Et, enfin, la philosophie allemande, ce plus compliqué, mais aussi plus sûr thermomètre de l'esprit allemand, s'était prononcée pour la bourgeoisie à l'heure où Hegel, dans sa « Philosophie du Droit », proclamait la monarchie constitutionnelle la plus haute et plus parfaite forme de gouvernement. En d'autres termes, il proclamait l'avènement prochain de la bourgeoisie du pays au pouvoir politique. Son école après sa mort ne s'en tint pas là. Les plus avancés parmi ses adhérents, en même temps qu'ils soumettaient chaque croyance religieuse à l'épreuve d'une critique sévère, et ébranlaient jusqu'à ses fondements le vieil édifice du christianisme, énonçaient des principes politiques plus hardis que ceux qui jusqu'alors avaient résonné aux oreilles allemandes, et essayaient de réhabiliter la mémoire des héros de la première Révolution française. Si le langage philosophique que revêtaient ces idées embrumait l'esprit de l'auteur et du public, il empêchait, en même temps, le censeur d'y voir clair, et c'est ainsi que les « jeunes hégéliens » jouissaient d'une liberté de la presse inconnue dans les autres branches de la littérature.

Il était évident qu'un grand changement s'opérait dans l'opinion publique en Allemagne. Peu à peu la vaste majorité des classes auxquelles leur éducation ou leur position permettait, sous une monarchie absolue, d'acquérir quelques connaissances politiques et de se former une opinion politique à peu près indépendante, s'unissaient en une puissante phalange d'opposition contre le système existant. En portant un jugement sur la lenteur du développement politique en Allemagne, on ne doit jamais oublier de tenir compte des difficultés qu'il y avait à se procurer des renseignements exacts sur n'importe quel sujet, dans un pays où toutes les sources d'information étaient sous le contrôle du gouvernement ; où nulle part, ni à l'école du village, ni au journal, ni à l'université, rien n'était enseigné, imprimé ou publié qui n'eût, au préalable, reçu son approbation. Voyez Vienne, par exemple. Le peuple de Vienne, qui pour l'industrie et les manufactures ne le cédait peut-être à aucun autre d'Allemagne, qui pour le courage, l'esprit et l'énergie révolutionnaire s'est montré supérieur à tous, était plus ignorant sur ses véritables intérêts, et commettait plus de fautes, pendant la révolution, que tous les autres peuples ; et cela était dû, en grande partie, à l'ignorance à peu près absolue dans laquelle le gouvernement de Metternich avait réussi à le maintenir.

Il n'est pas besoin d'autres explications pour comprendre pourquoi, sous un système pareil, les connaissances politiques formaient un monopole presque exclusif des classes de la société qui avaient les moyens de les faire entrer dans le pays en contrebande, et plus particulièrement de celles dont les intérêts étaient le plus menacés par l'état de choses existant, c'est-à-dire des classes industrielles et commerciales. Celles-ci, par conséquent, furent les premières à s'opposer en masse à la continuation d'un absolutisme plus ou moins déguisé, et c'est de leur entrée dans les rangs de l'opposition que doivent se dater les commencements du véritable mouvement révolutionnaire en Allemagne.

Le *pronunciamento* de la bourgeoisie allemande date de 1840, de la mort du feu roi de Prusse, le dernier survivant des fondateurs de la Sainte-Alliance de 1815. Le nouveau roi, on le savait, ne favorisait pas la monarchie éminemment bureaucratique et militaire de son père. Ce que la bourgeoisie française se promettait de l'avènement de Louis XVI, la bourgeoisie allemande l'attendait, en une certaine mesure, de Frédéric-Guillaume IV de Prusse. On était généralement d'accord que le vieux système était usé et condamné, et qu'il devait être abandonné : ce que sous le vieux roi on avait supporté en silence, on le proclama hautement chose intolérable.

Or, si Louis XVI, Louis le désiré, était un niais simple et sans prétention, à moitié conscient de sa nullité, sans opinions arrêtées, et gouverné surtout par les habitudes contractées pendant son éducation, « Frédéric-Guillaume le désiré » était d'un tout autre genre. Il avait appris, en dilettante, les rudiments de la plupart des sciences, et il s'estimait assez savant pour considérer comme définitif son jugement en toute chose. Il avait la conviction d'être un orateur de premier ordre et, sans contredit, il n'y avait pas de commis-voyageur à Berlin qui l'emportât sur lui pour la faconde et l'exubérance de faux esprit. Et surtout, il avait ses opinions à lui. Il détestait et méprisait l'élément bureaucratique de la monarchie de Prusse, mais uniquement parce que toutes ses sympathies allaient à l'élément féodal. Lui-même, un des fondateurs et principaux collaborateurs du *Journal politique hebdomadaire* de Berlin, de la soi-disant «*Ecole historique*» (une école qui se nourrissait des idées de Bonald, de de Maistre et d'autres écrivains de la première génération des légitimistes français), il visait à une restauration aussi complète que possible de la prépondérance sociale de la noblesse. Le roi, le premier noble de son royaume, entouré, en premier lieu, d'une cour splendide, de vassaux puissants, de ducs et de comtes, et, en second lieu, d'une noblesse inférieure, riche et nombreuse, devait régner selon son bon plaisir sur ses loyaux bourgeois et paysans ; il serait le chef d'une parfaite hiérarchie de rangs ou de castes sociaux, chacun desquels devait jouir de ses privilèges particuliers et être séparé des autres par les barrières à peu près infranchissables de la naissance, ou d'une position sociale figée et immuable; la puissance et l'influence de toutes ces castes ou « Etats du royaume » se balançant si exactement que le roi gardait une entière indépendance d'action — tel était le *beau idéal* que Frédéric-Guillaume IV avait entrepris de réaliser et que, de nouveau, il tenta de réaliser à ce moment.

La bourgeoisie prussienne, peu au courant des questions politiques, mit quelque temps à découvrir la véritable portée de la tendance de leur roi. Mais ce qu'elle ne tarda pas à remarquer, c'est que le roi avait à cœur des choses qui étaient tout l'opposé de ce qu'elle désirait. Dès que la mort de son père lui eut delié la langue, le nouveau roi s'empressa de proclamer ses intentions dans des discours sans nombre, et chacun de ses discours, de ses actes, ne faisait que lui aliéner les sympathies de la bourgeoisie. De cela il aurait bien pris son parti, si de dures et alarmantes réalités n'étaient venues interrompre ses rêves poétiques. Hélas ! le romantisme ne se connaît pas en calcul et la féodalité depuis Don Quichotte compte sans son hôte. Frédéric-Guillaume IV partagea trop ce mépris pour l'argent comptant qui a toujours été le noble apanage des fils des croisés. Il trouva à son avènement un système de gouvernement à la fois coûteux et parcimonieusement réglé, et un trésor médiocrement garni. Au bout de deux ans, plus de trace d'un excédent d'argent ; tout était dépensé en fêtes de cour, en largesses et en voyages d'apparat, en subventions à des nobles rapés, rapaces et besogneux : et les impôts ordinaires ne suffisaient plus aux exigences de la cour et du gouvernement. En sorte que Sa Majesté se trouva bientôt placée entre un déficit criant et une loi de 1820 qui frappait d'illégalité tout nouvel emprunt ou toute augmentation des taxes existantes, sans l'assentiment de la « Future Représentation du Peuple ». Cette représentation n'existait pas ; le nouveau roi, moins encore que son père, ne tenait à la créer ; il savait, y eût-il tenu, que l'opinion publique avait singulièrement changé depuis son accession au trône.

De fait, la bourgeoisie, qui avait espéré que le nouveau roi accorderait de suite une constitution, proclamerait la liberté de la presse, l'institution du jury, etc., en un mot, prendrait la direction de cette paisible révolution qu'elle demandait pour s'assurer la suprématie politique, — la bourgeoisie avait reconnu son erreur et, féroce, se retourna contre le roi. Dans les provinces rhénanes et plus ou moins dans la Prusse entière, elle était exaspérée à un tel point que, se trouvant manquer d'hommes pour la représenter dans la presse, elle alla jusqu'à s'allier au parti philosophique extrême dont il a été question ci-dessus. Le fruit de cette alliance était la *Rheinische Zeitung* de Cologne, un journal qui fut supprimé au bout de 15 mois (2), mais duquel date l'existence de la presse en Allemagne. C'était en 1842.

Le pauvre roi dont les difficultés économiques étaient la satire la plus mordante contre ses penchants moyen-âgeux, s'aperçut vite qu'il ne pourrait continuer de régner s'il ne faisait quelque légère concession à la clameur populaire pour cette Représentation du Peuple incorporée dans la loi de 1820 comme dernier vestige des promesses faites en 1813 et 1815, et oubliées depuis longtemps. Il choisit la manière la moins désagréable d'exécuter cette loi malencontreuse, en convoquant les Comités permanents des Diètes provinciales. Les Diètes provinciales avaient été établies en 1823. Elles se composaient pour chacune des huit provinces du royaume : 1) de la haute noblesse des anciennes familles souveraines de l'empire allemand, dont les chefs étaient membres de la Diète par droit de naissance ; 2) des représentants des chevaliers ou de la petite noblesse ; 3) des représentants des villes ; 4) des députés de la paysannerie ou de la classe des petits fermiers. Le tout était organisé de façon qu'en chaque province les deux fractions de la noblesse formassent toujours la majorité de l'assemblée. Chacune de ces huit Diètes provinciales élisait un comité, et ces huit comités furent maintenant appelés à Berlin pour former une assemblée représentative qui devait voter l'emprunt si ardemment désiré. On donnait à entendre que le Trésor était plein et que l'on avait besoin de l'emprunt non pour les dépenses courantes, mais pour la construction d'un chemin de fer de l'Etat. Or, les comités réunis donnèrent un refus catégorique au roi ; ils se déclarèrent incompétents pour agir comme représentants du peuple et sommèrent Sa Majesté de tenir la promesse d'une constitution représentative faite par son père, alors qu'il avait besoin de l'aide du peuple contre Napoléon.

La séance des comités réunis prouva que l'esprit d'opposition n'était pas limité à la bourgeoisie. Une partie de la paysannerie s'était jointe à elle et beaucoup de nobles, qui, parce qu'ils faisaient valoir leur terre et faisaient le commerce du blé, de la laine, des spiritueux et du lin, avaient besoin, eux aussi, des mêmes garanties contre l'absolutisme, la bureaucratie et la restauration féodale, s'étaient également prononcés contre le gouvernement et en faveur d'une constitution représentative. Le plan du roi avait complètement échoué ; il n'avait point obtenu d'argent et il avait augmenté la force de l'opposition. La séance suivante des Diètes provinciales elles-mêmes fut plus malheureuse encore pour le roi. Toutes elles réclamèrent des réformes, l'exécution des promesses de 1813 et 1815, une constitution et une presse libre : quelques-unes des Diètes avaient formulé des résolutions à cet effet d'une manière peu respectueuse, et les aigres réponses du roi exaspéré ne firent qu'aggraver le mal.

Cependant les difficultés financières du gouvernement allaient en grandissant. Grâce à l'appropriation des sommes d'argent affectées aux différents services publics et à des transactions frauduleuses avec la *Seehandlung*, un établissement commercial qui spéculait et trafiquait pour le compte et aux risques de l'Etat, et qui agissait depuis longtemps comme son croupier d'affaires, les apparences purent être sauvées momentanément. Mais ces expédients furent vite épuisés. On essaya d'un autre plan : l'établissement d'une banque dont l'Etat d'une part et les actionnaires privés de l'autre devaient fournir les capitaux ; l'Etat en aurait la direction principale, de façon à permettre au gouvernement de tirer de fortes sommes sur les fonds de la banque, et de recommencer ainsi les transactions frauduleuses auxquelles la *Seehandlung* ne voulait plus se prêter. Mais, comme de juste, on ne trouva point de capitalistes disposés à verser leur argent à de telles conditions ; il fallait changer les statuts de la banque et garantir la propriété des actionnaires contre les entreprises du ministre des finances avant qu'une seule action ne fût souscrite. Ce plan ayant échoué, il ne restait plus que la ressource d'un emprunt, si, toutefois, on parvenait à trouver des capitalistes qui consentissent à prêter leur argent, sans exiger la permission et la garantie de cette mystérieuse « future Représentation du Peuple ». On s'adressa à Rothschild, lequel déclara qu'il se chargerait de l'affaire de suite, si l'emprunt était garanti par la *Représentation du Peuple*, si non, qu'il refusait de se mêler de l'affaire.

Ainsi s'évanouissait tout espoir de se procurer de l'argent et il n'y avait plus moyen d'échapper à la fatale *Représentation du Peuple*. Dans l'automne de 1846 on apprit le refus de Rothschild, et au mois de février de l'année suivante, le roi convoqua à Berlin les huit Diètes provinciales et les constitua en une Diète réunie. Cette Diète devait faire la besogne exigée, en cas de besoin, par la loi de 1820 : elle devait voter des emprunts et de nouveaux impôts, mais ses droits n'allaient pas plus loin. Elle ne devait avoir qu'une voix purement consultative dans la législation générale; elle devait se réunir selon le bon plaisir du roi et non à des époques déterminées, et elle n'aurait à discuter que les questions qu'il plairait au gouvernement de lui soumettre. Les membres de la Diète étaient naturellement peu édifiés du rôle qu'on voulait leur faire jouer. Ils renouvelèrent les vœux qu'ils avaient exprimés dans les assemblées provinciales ; leurs rapports avec le gouvernement se tendirent, et lorsqu'on leur demanda l'emprunt, censé nécessaire pour les constructions des chemins de fer, ils refusèrent encore une fois de l'accorder.

Ce vote mit bientôt fin à la session. Le roi, de plus en plus irrité, congédia la Diète avec une réprimande, mais il demeurait toujours à court d'argent. Et, de fait, il avait d'excellentes raisons de s'alarmer de sa position, attendu que l'Union libérale, dirigée par la bourgeoisie, comprenant une grande partie de la petite noblesse, et gagnée par le mécontentement qui s'était accumulé dans les diverses couches des classes inférieures, — que cette Union libérale était résolue d'obtenir ce qu'elle désirait. En vain le roi avait-il déclaré dans son discours d'ouverture qu'il n'accorderait jamais une constitution dans le sens moderne du mot ; l'Union libérale exigeait une pareille constitution représentative moderne et anti-féodale, avec toutes ses conséquences, liberté de la presse, jugement par le jury, etc., et ne donnerait plus un centime avant de l'avoir obtenue. Il était manifeste que cet état de choses ne pouvait durer longtemps encore, et qu'à moins que l'un des deux partis ne cédât, une rupture — une lutte sanguinaire — s'ensuivrait. Or la bourgeoisie savait qu'une révolution était imminente et s'y préparait. Elle chercha par tous les moyens possibles de s'assurer l'appui de la classe ouvrière des villes et des paysans des districts agricoles, et c'est un fait bien connu, que, vers la fin de l'an 1847, il y eut à peine un seul personnage politique marquant qui ne se déclarât *socialiste* dans le but de se concilier les sympathies du prolétariat. Tout à l'heure nous verrons ces *socialistes* à l'œuvre.

Cet empressement de la bourgeoisie dirigeante d'afficher au moins les dehors du socialisme provenait d'un changement profond qui s'était opéré dans la classe ouvrière d'Allemagne. Un certain nombre d'ouvriers allemands qui avaient parcouru la France et la Suisse, s'étaient plus ou moins imprégnés des vagues notions socialistes et communistes alors courantes parmi les travailleurs français. L'intérêt croissant qu'excitaient ces idées en France dès 1840, mit à la mode le socialisme et le communisme en Allemagne aussi ; et à partir de 1843 tous les journaux étaient remplis de discussions sur les questions sociales. En peu de temps il se forma une école de socialistes en Allemagne plus remarquable par l'obscurité que par la nouveauté des idées; son œuvre principale consistait à traduire les doctrines françaises, Fouriéristes, Saint-Simonniennes et autres, en la langue absconse de la philosophie allemande. L'école communiste allemande qui différait entièrement de cette secte fut créée vers la même époque.

En 1844 éclatèrent les émeutes des tisserands silésiens, suivies par l'insurrection des imprimeurs d'indiennes de Prague. Ces soulèvements, cruellement réprimés, soulèvements des ouvriers non contre le gouvernement, mais contre leurs patrons, produisirent une profonde sensation et donnèrent une nouvelle impulsion à la propagande socialiste et communiste parmi les ouvriers. Il en fut de même des émeutes pour le pain, en l'an de famine 1847. Bref, de la même façon que l'opposition constitutionnelle ralliait autour de son drapeau la grande majorité des classes possédantes (à l'exception des grands propriétaires terriens féodaux), la classe ouvrière des grandes villes comptait pour son émancipation sur les doctrines socialistes et communistes, bien que, avec les lois sur la presse en vigueur, on ne pouvait attendre d'elle des notions bien nettes de ce qu'il lui fallait ; elle savait seulement que le programme de la constitution bourgeoise ne contenait pas tout ce qui lui était nécessaire et que la satisfaction de ses besoins n'était nullement contenue dans le cercle d'idées constitutionnel.

Il n'existait donc point de parti républicain distinct en Allemagne. On était monarchiste constitutionnel, socialiste ou communiste plus ou moins conscient.

Avec des éléments semblables, la moindre collision devait déterminer une révolution profonde. Tandis que la haute noblesse et les officiers civils et militaires constituaient le seul appui sûr du système établi ; tandis que la petite noblesse, la bourgeoisie commerciale, les universités, les instituteurs de tous degrés, et même une partie des rangs inférieurs de la bureaucratie et des officiers militaires, étaient tous ligués contre le gouvernement ; tandis que derrière ceux-ci se tenaient les masses mécontentes des paysans et des prolétaires des grandes villes qui, pour l'heure, soutenaient l'opposition libérale, mais qui déjà marmottaient de singulières menaces de vouloir prendre eux-mêmes la direction des affaires ; tandis que la bourgeoisie était prête à jeter à terre le gouvernement et que les prolétaires étaient prêts à jeter à terre la bourgeoisie à son tour, le gouvernement s'obstinait à suivre la marche qui devait amener une collision. Au commencement de 1848, l'Allemagne était à la veille d'une révolution et cette révolution serait arrivée sûrement, alors même que la Révolution française de février n'en eût pas hâté l'explosion.

Nous allons voir les effets que produisit cette révolution française sur l'Allemagne.

III

L'UNITÉ ALLEMANDE

LONDRES, Septembre 1851.

Dans notre dernier article, nous nous sommes borné presque exclusivement à l'Etat qui de 1840 à 1848 était de beaucoup le plus important dans le mouvement allemand, c'est-à-dire la Prusse. Il importe cependant de jeter un rapide coup d'œil sur les autres Etats d'Allemagne pendant la même période.

Dès le mouvement révolutionnaire de 1830, les petits Etats étaient tombés sous la dictature de la Diète, c'est-à-dire de l'Autriche et de la Prusse. Les diverses constitutions avaient été concédées autant comme moyens de défense contre la dictature des grands Etats, que pour assurer la popularité de leurs auteurs princiers, et l'unité des assemblées hétérogènes de province, formées par le congrès de

Vienne sans aucun principe directeur. Quelque illusoires que fussent ces constitutions, elles s'étaient pourtant montrées dangereuses pour l'autorité des petits princes pendant la période agitée de 1830 et 1831. Elles furent supprimées à peu de choses près, car le peu qu'on en laissa subsister était moins qu'une ombre, et il fallait toute la suffisance loquace d'un Welcker, d'un Rotteck, d'un Dahlmann, pour s'imaginer que l'humble opposition, mêlée de basses flagorneries, dont il leur fut permis de faire montre dans les Chambres impuissantes des petits Etats, donnerait jamais des résultats quelconques.

La partie la plus énergique de la bourgeoisie de ces petits Etats, peu après 1840, abandonna tout l'espoir qu'elle avait fondé sur le développement d'un gouvernement parlementaire dans ces dépendances de l'Autriche et de la Prusse. A peine la bourgeoisie prussienne et les classes alliées à elle avaient-elles manifesté une résolution sérieuse de lutter pour un gouvernement parlementaire en Prusse, qu'on leur laissa prendre la direction du mouvement constitutionnel dans toute l'Allemagne non autrichienne.

Un fait qui ne sera plus contesté aujourd'hui, c'est que les premiers éléments de ces constitutionnels de l'Allemagne centrale, qui plus tard se séparèrent de l'Assemblée nationale de Francfort. et qui s'intitulèrent, d'après leur lieu de réunion, le parti de Gotha, avaient bien avant 1848 conçu le plan qu'ils proposèrent en 1849 avec quelques modifications aux représentants de toute l'Allemagne. Ils visèrent l'exclusion complète de l'Autriche de la confédération allemande, la fondation d'une nouvelle confédération avec une loi fondamentale nouvelle et un parlement fédéral sous la protection de la Prusse, ainsi que l'incorporation des Etats moindres dans les plus grands. Tout cela devait être mis en exécution dès que la Prusse serait entrée dans les rangs des monarchies constitutionnelles, qu'elle aurait établi la liberté de la presse et adopté une politique indépendante de celle de la Russie et de l'Autriche, et qu'elle aurait ainsi mis les constitutionnels des petits Etats à même d'exercer un contrôle réel sur leurs gouvernements respectifs. L'inventeur de ce projet était le professeur Gervinus de Heidelberg (Bade). Ainsi l'émancipation de la bourgeoisie prussienne devait être le signal pour l'émancipation de la bourgeoisie d'Allemagne en général, et pour une alliance offensive et défensive de l'une et de l'autre contre la Russie et l'Autriche, car l'Autriche, nous le verrons bientôt, était considérée comme un pays absolument barbare, duquel on savait fort peu de chose et dont le peu qu'on savait n'était pas à l'honneur de la population; l'Autriche n'était donc pas considérée comme une partie essentielle de l'Allemagne.

Les autres classes de la société dans les petits Etats suivirent plus ou moins rapidement les traces de leurs semblables en Prusse. Les petits bourgeois devenaient de plus en plus mécontents de leurs gouvernements respectifs, de l'augmentation des impôts, de l'attentat contre ces simulacres de privilèges desquels ils ne manquaient pas de se targuer lorsqu'ils se comparaient aux « esclaves du despotisme » de l'Autriche et de la Prusse ; mais jusqu'ici leur opposition n'avait pas de caractère déterminé qui pût les désigner comme un parti indépendant, distinct du constitutionnalisme de la haute bourgeoisie. Le mécontentement grandissait aussi parmi les paysans; mais, on le sait, dans les temps tranquilles et paisibles, cette catégorie du peuple ne fait jamais valoir ses droits ni ne revendique sa position de classe indépendante, sauf dans les pays où existe le suffrage universel. Les ouvriers industriels des villes commençaient à être infectés du « poison » du socialisme et du communisme ; mais comme hors de la Prusse il y a peu de villes de quelque importance et encore moins de districts manufacturiers, le mouvement de cette classe, par suite de l'absence de centres d'action et de propagande, fut extrêmement lent dans les petits États.

La difficulté de donner libre carrière à l'opposition politique dans la Prusse et dans les petits Etats créa une espèce d'opposition religieuse dans les mouvements parallèles du Catholicisme Allemand et des communautés libres. L'histoire nous fournit de nombreux exemples de pays jouissant de la bénédiction d'une Eglise d'Etat, où la discussion politique est entravée et où la profane et dangereuse opposition à la puissance temporelle se cache sous la lutte plus sanctifiée et, en apparence, plus désintéressée contre le despotisme spirituel. Nombre de gouvernements qui ne permettent pas qu'un de leurs actes quelconque soit discuté, se garderont de faire des martyrs et d'exciter le fanatisme religieux des masses. C'est ainsi qu'en Allemagne, en 1845, la religion protestante ou catholique romaine, ou toutes les deux, étaient considérées comme faisant partie intégrante de la loi du pays. Et dans tous les Etats, le clergé de l'une ou l'autre, ou de l'une et l'autre, de ces confessions religieuses constituait une partie essentielle de l'établissement bureaucratique du gouvernement, en sorte que, attaquer l'orthodoxie protestante ou catholique, attaquer la prétraille, c'était attaquer en dessous le gouvernement lui-même. Quant aux Catholiques Allemands le seul fait de leur existence constituait une attaque contre les gouvernements catholiques de l'Allemagne, spécialement de l'Autriche et de la Bavière, et c'est ainsi que l'entendaient les gouvernements. Les membres des comités libres, les dissidents protestants, qui ressemblent quelque peu aux unitaires anglais et américains, firent une profession publique de leur opposition aux tendances cléricales et sévèrement orthodoxes du roi de Prusse et de son ministre favori, le ministre des cultes et de l'instruction, M. Eickhorn. Les deux nouvelles sectes qui pendant un temps se propagèrent bruyamment, la première dans les pays catholiques, la seconde dans les pays protestants, ne se distinguaient que par leur origine différente ; quant à leurs doctrines, elles étaient parfaitement d'accord sur ce point important : l'inefficacité des dogmes définitifs. Cette absence de toute définition était l'essence même de ces sectes ; elles avaient la prétention d'élever le grand temple sous la voûte duquel tous les Allemands pourraient se réunir ; sous une forme religieuse elles représentaient donc une autre idée politique du jour — celle de l'unité allemande ; et cependant elles ne surent jamais se mettre d'accord entre elles.

Cette idée d'unité allemande, que les sectes dont nous venons de parler essayèrent de réaliser, tout au moins dans le domaine religieux, en inventant une commune religion pour tous les Allemands, appropriée spécialement à leur usage, leurs habitudes et leur goût, cette idée était en effet très répandue, plus particulièrement dans les petits Etats. Depuis la dissolution de l'Empire allemand par Napoléon, le cri pour l'union des *disjecta membra* du corps de l'Allemagne avait été l'expression la plus générale du mécontentement contre l'ordre des choses établi, notamment dans les petits Etats, où la grande dépense d'une cour, d'une administration, d'une armée, bref, tout le poids mort des impositions, augmentait en raison directe de la petitesse et de l'impuissance de l'Etat. Mais sur la question de savoir ce que devait être cette unité allemande une fois réalisée, les avis étaient partagés. La bourgeoisie qui ne voulait pas d'ébranlements révolutionnaires profonds, se contentait de la solution qu'elle considérait, nous l'avons vu, comme « praticable », c'est-à-dire d'une union de toute l'Allemagne, à l'exclusion de toute l'Autriche, sous la domination d'un gouvernement constitutionnel de la Prusse ; et assurément c'était là tout ce qui était faisable à l'époque, sans déchaîner de dangereux orages. Les petits bourgeois et les paysans, pour autant que ces derniers se souciaient de choses pareilles, ne parvinrent jamais à se faire une notion exacte de cette unité qu'ils réclamaient si bruyamment ; un petit nombre de rêveurs, pour la plupart des réactionnaires féodaux, souhaitaient le rétablissement de l'Empire allemand ; une poignée d'ignorants, soi-disant radicaux, admirateurs des institutions suisses, desquelles ils n'avaient pas encore fait l'expérience pratique, et qui, par la suite, les désabusèrent de si burlesque façon, se prononcèrent en faveur d'une République fédérale ; et ce ne fut que le parti le plus extrême qui osa se prononcer alors pour une République allemande, une et indivisible. De sorte que l'unité allemande était elle-même une question grosse de désunion, de désaccord, et, en cas de certaines éventualités, d'une guerre civile.

En résumé, voici la condition de la Prusse et des petits États d'Allemagne à la fin de 1847. La bourgeoisie, qui sentait sa force et était décidée à ne plus supporter pour longtemps encore les entraves au moyen desquelles un despotisme féodal et bureaucratique gênait sa production industrielle, son action commune comme classe ; une partie de la noblesse foncière, transformée en producteurs de marchandises à un point suffisant pour avoir les mêmes intérêts que la bourgeoisie et faire cause commune avec elle ; la petite bourgeoisie, mécontente, grommelant contre les taxes, contre les obstacles mis à la traverse de ses affaires commerciales, mais n'ayant pas de projet défini de réformes capable de lui assurer une position dans la société et l'État ; la classe agricole opprimée, ici par les exactions féodales, là par les prêteurs d'argent, les usuriers et les avocats ; les ouvriers des villes, infectés du mécontentement général, nourrissant une haine égale contre le gouvernement et les capitalistes industriels, et gagnés par la contagion des idées socialistes ; bref, l'opposition formait une masse hétérogène. Mue par des intérêts divers, elle était plus ou moins dirigée par la bourgeoisie, au premier rang de laquelle marchait la bourgeoisie prussienne, et notamment celle de la province rhénane. D'un autre côté, des gouvernements en désaccord sur nombre de points, se méfiant les uns des autres et surtout de la Prusse, sur la protection de laquelle il leur fallait pourtant compter ; en Prusse, un gouvernement abandonné par l'opinion publique, abandonné même par une partie de la noblesse, s'appuyant sur une armée et une bureaucratie qui de jour en jour s'inoculaient davantage les idées de la bourgeoisie de l'opposition, et en subissaient toujours davantage l'influence, — un gouvernement, par surcroît, sans le sou, dans l'acception la plus littérale du mot, et incapable de se procurer le premier centime pour couvrir un déficit croissant, sans capituler devant l'opposition de la bourgeoisie.

La classe moyenne d'un pays eut-elle jamais une plus splendide position dans sa lutte pour le pouvoir contre le gouvernement établi ?

IV

L'AUTRICHE

LONDRES, *Septembre 1851.*

Il nous faut maintenant considérer l'Autriche, ce pays qui, jusqu'en mars 1848, était presque aussi caché aux yeux des nations étrangères que l'était la Chine avant la récente guerre avec l'Angleterre.

Il va de soi que nous ne pouvons ici prendre en considération que l'Autriche allemande. Les affaires des Autrichiens polonais, hongrois ou italiens sont en dehors de notre sujet et nous n'en tiendrons compte par la suite qu'en tant que, depuis 1848, elles ont influé sur les destinées des Autrichiens allemands.

Le gouvernement du prince Metternich tournait sur deux pivots ; premièrement, il s'efforçait de tenir en échec chacune des nations soumises à l'autorité autrichienne par toutes les autres nations se trouvant dans une situation analogue ; deuxièmement, et cela a toujours été le principe fondamental des monarchies absolues, il s'appuyait sur deux classes, les propriétaires terriens féodaux et les grands financiers, tout en cherchant à tenir la balance égale entre ces deux classes, de façon à laisser une entière liberté d'action au gouvernement. La noblesse foncière, qui vivait exclusivement des revenus féodaux de toutes sortes, devait forcément appuyer un gouvernement qui était son unique sauvegarde contre la classe d'esclaves opprimés, de l'exploitation de laquelle elle vivait. Toutes les fois que la partie la moins riche de ces nobles s'élevait contre le gouvernement, comme en Galicie en 1846, Metternich déchaînait aussitôt contre eux ces mêmes serfs qui, coûte que coûte, profitaient de l'occasion pour tirer une vengeance terrible de leurs oppresseurs les plus directs.

D'un autre côté les grands capitalistes de la Bourse étaient liés au gouvernement de Metternich par les vastes sommes qu'ils avaient prêtées à l'Etat. L'Autriche ayant reconquis toute sa puissance en 1815, ayant rétabli et maintenu la monarchie absolue en Italie depuis 1820, et débarrassée d'une partie de ses obligations par la banqueroute de 1810, avait, peu de temps après la paix, rétabli son crédit sur les grandes places européennes, et au fur et à mesure que son crédit augmentait, elle l'avait escompté. Tous les grands manieurs d'argent d'Europe avaient engagé des portions considérables de leur capital dans les fonds autrichiens ; tous étaient donc intéressés à maintenir le crédit du pays, et comme le crédit public autrichien, pour se maintenir, exigeait toujours de nouveaux emprunts, force leur fut, de temps à autre, d'avancer de nouveaux capitaux, afin de maintenir le crédit du nantissement de ceux qu'ils avaient avancés déjà. La longue paix après 1815 et l'apparente impossibilité de renverser un empire vieux de mille ans, comme l'Autriche, accroissait le crédit du gouvernement de Metternich dans des proportions extraordinaires et le rendait indépendant même des banquiers et des agioteurs ; car, aussi longtemps que Metternich pouvait se procurer de l'argent à Francfort et à Amsterdam, il avait naturellement la satisfaction de voir les capitalistes à ses pieds. Ils étaient, d'ailleurs, à sa merci sous tous les rapports ; les gros profits que les banquiers, spéculateurs, et fournisseurs de l'Etat s'arrangent toujours pour tirer d'une monarchie absolue furent compensés par la puissance presque illimitée que le gouvernement exerçait sur leurs personnes et leurs fortunes ; pas même l'ombre d'une opposition n'était donc à craindre de ce côté. Ainsi Metternich était sûr de l'appui des deux classes les plus puissantes et les plus influentes de l'empire ; et il disposait, en outre, d'une armée et d'une bureaucratie on ne peut mieux organisées pour les fins de l'absolutisme. Les officiers civils et militaires dans le service autrichien forment une race à part ; leurs pères ont servi le Kaiser, et leurs fils en feront de même ; ils n'appartiennent à aucune des nationalités multicolores rassemblées sous l'aile de l'aigle à deux têtes ; ils sont, et ont toujours été, transférés d'un bout de l'Empire à l'autre, de la Pologne en Italie, d'Allemagne en Transylvanie : Hongrois, Polonais, Allemand, Roumain, Italien, Croate, tout individu qui ne porte pas l'empreinte de l'autorité impériale et royale, qui est marqué d'un caractère national particulier, est également méprisé par eux ; ils n'ont pas de nationalité, ou plutôt, eux seuls constituent la nation autrichienne vraie. On conçoit quel instrument souple et puissant à la fois doit être une pareille hiérarchie civile et militaire entre les mains d'un chef intelligent et énergique.

Quant aux autres classes de la population, Metternich, en véritable homme d'Etat de l'*ancien régime*, ne se souciait guère de leur concours. Il n'avait à leur égard qu'une unique politique : leur soutirer le plus d'argent possible sous forme de taxes, tout en les faisant se tenir tranquilles. La bourgeoisie commerciale et industrielle ne se développait que lentement en Autriche. Le commerce du Danube était relativement insignifiant ; le pays ne possédait qu'un seul port de mer, Trieste, et le commerce en était fort restreint. Les industries jouissaient d'une protection considérable, allant dans la plupart des cas jusqu'à l'exclusion de toute concurrence étrangère ; mais cet avantage leur avait été concédé principalement dans le but d'augmenter leur capacité pour payer les impôts, et était contrebalancé dans une large mesure par des restrictions aux manufacturiers à l'intérieur, par les privilèges des corps de métiers et autres corporations féodales, qui furent scrupuleusement maintenus tant qu'ils ne contrecarraient pas les vues et les fins du gouvernement. Les petits marchands furent enserrés dans les étroites barrières de ces corporations du moyen âge, qui maintenaient les différents métiers dans une constante guerre de privilèges les uns contre les autres, et en même temps donnaient aux membres de ces associations involontaires une sorte de stabilité héréditaire par la presque impossibilité où étaient les membres de la classe ouvrière de s'élever sur l'échelle sociale. Le paysan et l'ouvrier, enfin, étaient traités comme une simple matière imposable, et l'on ne s'inquiétait d'eux que pour les maintenir le plus possible dans les conditions d'existence dans lesquelles ils vivaient alors et dans lesquelles leurs pères avaient vécu avant eux. A cet effet, toutes les autorités anciennes, établies et transmises, furent conservées, à l'égal de l'autorité de l'Etat ; le gouvernement maintenait strictement l'autorité du propriétaire foncier sur le petit fermier tenancier, celle du manufacturier sur l'ouvrier de fabrique, du petit maître sur le compagnon et l'apprenti, du père sur le fils ; et la désobéissance sous toutes les formes était punie comme une violation de la loi par cet instrument de la justice autrichienne — le bâton.

Enfin, afin de réunir en un système compréhensif toutes ces tentatives pour créer une stabilité artificielle, la pâture intellectuelle accordée à la nation était choisie avec d'infinies précautions et distribuée aussi parcimonieusement que possible. L'éducation était partout entre les mains du clergé catholique, dont les chefs, de même que les grands propriétaires terriens féodaux, étaient profondément intéressés à la conservation du système existant. Les universités étaient organisées de manière à ne pouvoir produire que des spécialistes, qui pouvaient être, ou ne pas être, très forts dans diverses branches de connaissances particulières, mais en tout cas n'avaient pas reçu cette éducation libérale, universelle, que sont censé donner les autres universités. Il n'existait absolument pas de presse périodique, sauf en Hongrie, et les journaux hongrois étaient interdits dans toutes les autres parties de la monarchie. Le domaine de la littérature générale ne s'était pas étendu depuis un siècle; il s'était rétréci encore après la mort de Joseph II. Et tout le long des frontières, partout où les Etats autrichiens confinaient à un pays civilisé, on avait établi un cordon de censeurs littéraires, en rapport avec le cordon des fonctionnaires de la douane, pour empêcher qu'un livre ou un journal étranger ne passât en Autriche avant que son contenu n'eût été soigneusement épluché à différentes reprises, et ne fût reconnu pur de la moindre souillure du malin esprit du siècle.

Pendant trente ans environ, à partir de 1815, ce système fonctionna avec un succès étonnant. L'Autriche demeurait presque inconnue de l'Europe, et l'Europe était tout aussi peu connue de l'Autriche. L'état social de chaque classe de la population et de la population en général semblait n'avoir pas éprouvé le moindre changement. Quelle que soit la rancune qui ait pu exister de classe à classe — et l'existence de cette rancune était pour Metternich une condition primordiale de gouvernement, et qu'il allait jusqu'à fomenter, en faisant des classes supérieures les instruments de toutes les exactions du gouvernement, et en en rejetant tout l'odieux sur elles, — quelque haine que le peuple ait pu porter aux fonctionnaires inférieurs de l'Etat, il n'existait, en somme, que peu, ou plutôt il n'existait point, de mécontentement contre le gouvernement central. L'empereur était adoré, et les faits semblaient donner raison au vieil empereur François Ier, lorsque, tout en exprimant des doutes sur la durée de ce système, il ajoutait : « Il durera bien toujours autant que moi et Metternich ».

Cependant un lent mouvement souterrain déjouait tous les efforts de Metternich. Les richesses et l'influence des classes industrielles et commerçantes augmentaient. L'introduction de la machine et de la vapeur bouleversa en Autriche, comme elle l'avait fait partout ailleurs, les vieilles relations et les conditions vitales de classes entières de la société ; elle transforma des serfs en hommes libres, de petits fermiers en ouvriers de fabrique : elle mina les anciennes corporations de métiers féodales, et détruisit les moyens d'existence d'un grand nombre d'entre elles. Partout la nouvelle population industrielle et commerciale en vint aux prises avec les vieilles institutions féodales. De ses voyages à l'étranger auxquels l'entraînaient ses affaires, la bourgeoisie importa quelques connaissances fabuleuses des pays civilisés, situés au-delà de la ligne douanière impériale : enfin, l'introduction des chemins de fer accéléra à la fois le mouvement industriel et intellectuel.

Il y avait aussi une partie constituante dangereuse dans l'Etat autrichien, à savoir, la Constitution féodale hongroise avec ses débats parlementaires et ses luttes de la masse appauvrie et hostile de la noblesse contre le gouvernement et ses alliés, les magnats. Presbourg, le siège de la Diète, était aux portes de Vienne. Tous ces éléments contribuèrent à créer parmi la bourgeoisie des villes un esprit, non pas précisément d'opposition, car l'opposition était chose impossible encore, mais de mécontentement, un désir général de réformes, de nature plutôt administrative que constitutionnelle. Et de même qu'en Prusse, une partie de la bureaucratie s'unit à la bourgeoisie. Cette caste héréditaire de fonctionnaires n'avait pas oublié les traditions de Joseph II ; les plus instruits parmi les employés de l'Etat qui, à l'occasion, se mêlaient eux-mêmes d'imaginaires réformes possibles, préféraient de beaucoup le despotisme progressif et intellectuel de l'empereur au despotisme « paternel » de Metternich. Un certain nombre de la noblesse pauvre se rangea également du côté de la bourgeoisie, et quant aux classes inférieures de la population, qui avaient toujours trouvé abondance de raisons pour se plaindre de leurs supérieurs, sinon du gouvernement, elles ne pouvaient pas, dans la plupart des cas, ne pas donner leur adhésion aux aspirations réformatrices de la bourgeoisie.

Ce fut à peu près vers cette époque, en 1843 ou 1844, que s'introduisit en Allemagne une branche de littérature particulière qui répondait à ce changement. Un petit nombre d'écrivains, de romanciers, de critiques littéraires, de mauvais poètes autrichiens, tous de talent bien médiocre, mais doués de cette aptitude aux affaires qui est le propre de la race juive, s'établirent à Leipzig et en d'autres villes allemandes hors de l'Autriche ; et là, hors de l'atteinte de Metternich, ils publièrent quantité de livres et brochures sur les choses d'Autriche. Ils firent, eux et leurs éditeurs, des affaires d'or. Toute l'Allemagne brûlait d'envie d'être initiée aux secrets de la politique de la Chine européenne ; et plus curieux encore étaient les Autrichiens eux-mêmes, qui se procuraient ces publications au moyen de la contrebande, pratiquée en grand sur la frontière bohémienne. Les secrets divulgués par ces publications étaient, bien entendu, de peu d'importance, et les projets de réforme élucubrés par leurs auteurs bien intentionnés se distinguaient par une innocuité qui équivalait presque à une virginité politique. Une constitution et une presse libre pour l'Autriche étaient considérées comme inaccessibles ; des réformes administratives, l'extension des droits des Diètes provinciales, l'introduction de livres et de journaux étrangers et une censure moins sévère — voilà à quoi se bornaient à peu près les loyaux et humbles désirs de ces bons Autrichiens. Toujours est-il que l'impossibilité croissante d'empêcher le commerce littéraire de l'Autriche avec le reste de l'Allemagne et, par l'Allemagne, avec le reste du monde, contribua beaucoup à former une opinion anti-gouvernementale et mettait du moins un peu d'information politique à la portée d'une partie de la population autrichienne.

C'est ainsi qu'à la fin de 1847 l'Autriche fut saisie par cette agitation politico-religieuse qui travaillait alors toute l'Allemagne, et si le progrès en était plus silencieux en Autriche, elle n'en trouva pas moins des éléments révolutionnaires sur qui agir. Il y avait là le paysan, le serf ou tenancier féodal, broyé sous le poids des exactions seigneuriales ou gouvernementales; l'ouvrier de fabrique, forcé par le bâton de l'agent de police de travailler à n'importe quelles conditions qu'il plaisait aux fabricants de lui imposer ; le compagnon, à qui les lois corporatives enlevaient tout espoir de se créer une position indépendante dans son métier; le marchand, qui se heurtait à chaque pas dans les affaires contre d'absurdes règlements ; le fabricant, en conflit perpétuel avec les corporations de métiers, qui veillaient avec un soin jaloux sur leurs privilèges, ou avec des fonctionnaires avides et tracassiers ; le maître d'école, le savant, le haut employé plus cultivé, se débattant contre un clergé ignorant et présomptueux ou un supérieur stupide et dictatorial. Bref, il n'y avait pas une seule classe de satisfaite, car les légères concessions que le gouvernement fut contraint, de ci, de là, de faire, n'étaient pas faites à ses propres frais, le Trésor n'y aurait pas suffi, mais aux dépens de la haute noblesse et du clergé ; quant aux grands banquiers et aux porteurs de fonds publics, les récents événements en Italie, l'opposition croissante de la Diète hongroise, les clameurs pour des réformes, et l'esprit inaccoutumé de mécontentement qui se manifestait dans tout l'Empire, n'étaient pas de nature à fortifier leur confiance dans la solidité et la solvabilité de l'Empire autrichien.

Ainsi l'Autriche s'acheminait lentement mais sûrement vers un changement profond, quand soudain un événement éclata en France qui déchaîna l'orage menaçant et donna un démenti au dire du vieux François : que l'édifice durerait bien aussi longtemps que lui et Metternich.

V

L'INSURRECTION DE VIENNE

LONDRES, Octobre 1851.

Le 24 février Louis-Philippe fut chassé de Paris et la République Française proclamée. Le 13 mars suivant les Viennois brisèrent le pouvoir du Prince Metternich et le forcèrent à s'enfuir honteusement du pays. Le 18 mars le peuple de Berlin prit les armes et, après une lutte opiniâtre de 18 heures, il eut la satisfaction de voir le roi capituler devant lui. Des soulèvements simultanés plus ou moins violents, mais tous couronnés de succès, eurent lieu dans les capitales des petites villes d'Allemagne. Le peuple allemand, s'il n'avait pas mené à bien sa première révolution, était du moins pleinement lancé dans la carrière révolutionnaire.

Nous ne pouvons entrer ici dans les détails

des divers incidents de ces insurrections, mais nous avons à en expliquer le caractère, ainsi que l'attitude que prirent vis-à-vis d'elles les différentes classes de la population.

La révolution de Vienne s'était faite, on peut dire, par une population presque unanime. La bourgeoisie (à l'exception des banquiers et des agioteurs), les petits commerçants, les ouvriers, tous se levèrent d'un seul coup contre un gouvernement haï de tous, un gouvernement si universellement détesté, que la petite minorité de nobles et de capitalistes qui l'avaient soutenu s'éclipsèrent à la première attaque. La bourgeoisie avait été maintenue par Metternich dans un tel état d'ignorance politique, qu'elle ne comprenait absolument rien aux nouvelles de Paris qui annonçaient le règne de l'anarchie, du socialisme et de la terreur, les luttes imminentes entre la classe des capitalistes et la classe des travailleurs. Dans son innocence politique, ou bien elle n'attachait pas de sens à ces nouvelles, ou bien elle les regardait comme des inventions diaboliques de Metternich pour la contraindre à l'obéissance par la peur. Jamais, d'ailleurs, elle n'avait vu les ouvriers agir comme classe, ou se lever pour défendre leurs propres intérêts de classe. Elle ne pouvait, d'après son expérience, concevoir l'idée que des différends pussent surgir entre des classes naguère encore si cordialement unies pour renverser un gouvernement exécré de tous. Elle voyait le peuple d'accord avec elle sur tous les points : sur une constitution, le jury, la liberté de la presse, etc. Aussi était-elle, du moins en mars 1848, corps et âme avec le mouvement; et le mouvement, de l'autre côté, érigea immédiatement, en théorie tout au moins, la bourgeoisie en classe prépondérante de l'Etat.

Mais c'est le sort de toutes les révolutions, que cette union de différentes classes, qui jusqu'à un certain point est la condition nécessaire de toute révolution, ne peut être de longue durée. La victoire n'est pas plutôt remportée sur l'ennemi, que les vainqueurs se divisent en camps opposés et tournent leurs armes les uns contre les autres. C'est ce développement rapide et passionné de l'antagonisme des classes qui, dans les organismes vieux et compliqués, fait d'une révolution un si puissant agent de progrès social et politique ; c'est cet incessant et vif jaillissement de partis nouveaux, se relayant au pouvoir, qui, pendant ces commotions violentes, fait franchir à une nation plus d'étapes en cinq années qu'elle n'eût fait du chemin en cent ans dans des circonstances ordinaires.

La révolution de Vienne fit de la bourgeoisie la classe dominante théoriquement, c'est-à-dire que les concessions arrachées au gouvernement étaient de telle sorte que, mises en pratique, et maintenues pendant un temps, elles auraient infailliblement assuré la suprématie de la bourgeoisie. Or, pratiquement la suprématie de cette classe était loin d'être établie. Il est vrai que, grâce à la création d'une garde nationale qui donna des armes à la bourgeoisie et aux petits boutiquiers, cette classe croîssait en force et en influence ; il est vrai que par l'installation d'un « comité de sûreté », une espèce de gouvernement irresponsable où dominait la bourgeoisie, elle fut placée à la tête du pouvoir. Mais du même coup la classe ouvrière aussi fut partiellement armée ; elle et les étudiants avaient été au plus fort du combat, là où combat il y avait eu ; et les étudiants qui, au nombre de 4000 environ, bien armés et bien mieux disciplinés que la garde nationale, formèrent le noyau, la véritable force du corps révolutionnaire, n'étaient nullement disposés à être de simples instruments entre les mains du comité de sûreté. Bien qu'ils en reconnussent l'autorité et qu'ils en fussent même les défenseurs les plus enthousiastes, ils n'en formèrent pas moins un corps indépendant et pas mal turbulent ; ils tinrent des conciliabules dans la « Aula », prenant une position intermédiaire entre la bourgeoisie et les travailleurs ; empêchant par leur constante agitation les choses de retomber dans la tranquille routine de tous les jours, et bien des fois imposant leurs résolutions au comité de sûreté. D'autre part, il fallait employer les ouvriers, presque tous sans travail, dans les travaux publics, aux frais de l'Etat ; et l'argent nécessaire, on devait naturellement le puiser dans les poches des contribuables ou dans les caisses de la ville de Vienne. Tout cela devenait forcément très désagréable aux commerçants de Vienne. Les industries de la ville, établies en vue de la consommation des riches et aristocratiques cours d'un grand pays, étaient nécessairement tout à fait paralysées par la Révolution, par la fuite de l'aristocratie et de la cour ; le commerce était stationnaire, et l'agitation et l'excitation perpétuelles entretenues par les étudiants et les ouvriers n'étaient certes pas faites pour « faire renaître la confiance », selon la phrase consacrée. Aussi se produisit-il un certain froid entre la bourgeoisie d'une part et les turbulents étudiants et ouvriers de l'autre ; et si, pendant longtemps cette froideur ne se tourna pas en hostilité ouverte, c'est parce que le ministère et, en particulier, la cour, dans leur impatience de rétablir l'ancien état des choses, ne cessaient de justifier la défiance et l'activité bruyante des partis les plus révolutionnaires; et qu'ils agitaient constamment, même aux yeux de la bourgeoisie, le spectre du vieux despotisme à la Metternich. Ainsi, le gouvernement ayant essayé de saper ou de porter atteinte à quelques-unes des libertés nouvellement conquises, il y eut de nouveaux soulèvements le 15 et le 26 mai, et, à chaque occasion, l'alliance entre la garde nationale ou la bourgeoisie armée et les ouvriers fut de nouveau cimentée pour un temps.

Quant aux autres classes de la population, l'aristocratie et la ploutocratie avaient disparu, et les paysans étaient occupés partout à balayer jusqu'aux derniers vestiges de la féodalité. Grâce à la guerre avec l'Italie et l'occupation que Vienne et la Hongrie donnaient à la cour, on les laissait faire ; et ils réussirent mieux dans leur œuvre de libération en Autriche que dans n'importe quelle autre partie de l'Allemagne. Le Reichstag autrichien, un peu plus tard, n'eut qu'à ratifier les choses déjà accomplies par les paysans; et quelles que soient les institutions que le gouvernement du Prince Schwartzenberg puisse réussir à rétablir, jamais il n'aura le pouvoir de rétablir la servitude féodale des paysans. Si l'Autriche est présentement encore une fois relativement calme et même forte, c'est avant tout parce que la grande majorité du peuple, les paysans, ont réellement profité de la Révolution, et que, en dépit de toutes les entreprises du gouvernement, ces palpables, ces substantiels avantages conquis par les agriculteurs restent jusqu'à ce jour intacts.

VI

L'INSURRECTION DE BERLIN

LONDRES, Octobre 1851.

Berlin était le second centre du mouvement révolutionnaire, et d'après ce qui a été dit dans les articles précédents, on devine que là ce mouvement était loin de trouver l'appui unanime de presque toutes les classes qu'il rencontra à Vienne. En Prusse la bourgeoisie avait déjà été mêlée à des luttes positives avec le gouvernement ; la Diète réunie avait déterminé une rupture ; une révolution bourgeoise était imminente et, au moment où elle éclata, cette révolution aurait pu être tout aussi unanime que celle de Vienne, si la révolution parisienne de février n'était pas survenue.

Cet événement précipita tout, bien qu'il s'effectuât sous une bannière tout autre que celle sous laquelle la bourgeoisie prussienne se préparait à braver son gouvernement. La révolution de février renversa, en France, le même genre de gouvernement que la bourgeoisie de Prusse allait établir dans son pays. La révolution de février s'annonça comme une révolution de la classe ouvrière contre la classe bourgeoise ; elle proclama la chute du gouvernement et l'émancipation de l'ouvrier. Or, la bourgeoisie venait d'en avoir assez de l'agitation ouvrière dans son propre pays. Elle avait même essayé, une fois la première terreur inspirée par les émeutes silésiennes dissipée, de tirer profit de cette agitation ; mais toujours elle avait gardé une salutaire horreur du socialisme et du communisme révolutionnaire ; c'est pourquoi, quand elle vit à la tête du gouvernement, à Paris, des hommes qu'elle considérait comme les plus dangereux ennemis de la propriété, de l'ordre, de la religion, de la famille et des autres pénates du bourgeois moderne, elle sentit sa propre ardeur révolutionnaire se refroidir considérablement. Elle savait qu'il fallait saisir l'occasion ; que sans le secours des classes ouvrières elle serait vaincue ; et malgré cela le courage lui manqua. De sorte qu'elle appuya les gouvernements dans les premiers soulèvements partiels, et essaya de contenir le peuple de Berlin, qui cinq jours durant se rassembla en foule devant le palais royal pour discuter les nouvelles et réclamer des changements dans le gouvernement. Quand, finalement, après la nouvelle de la chute de Metternich, le roi fit quelques minces concessions, la bourgeoisie estima que la révolution était accomplie et alla remercier Sa Majesté d'avoir bien voulu combler tous les vœux de son peuple. Alors survinrent les charges militaires sur la foule, les barricades, la lutte et la défaite de la royauté. Tout alors changea de face. La classe ouvrière, que la bourgeoisie avait justement voulu réléguer à l'arrière plan, avait été poussée à l'avant-garde, avait combattu et triomphé, et, soudain, était devenue consciente de sa force. Des restrictions au suffrage, à la liberté de la presse, au droit d'être juré, au droit de réunion, restrictions qui auraient fait grand plaisir à la bourgeoisie, parce qu'elles n'auraient frappé que les classes au-dessous d'elle, n'étaient plus possibles. Le danger d'une répétition des scènes d'*anarchie* parisiennes était imminent, et devant ce danger tous les anciens désaccords disparaissaient. Contre l'ouvrier victorieux, quoiqu'il n'eût encore formulé aucune revendication spécifique pour son propre compte, les amis et les ennemis de longue date s'unirent; et l'alliance entre la bourgeoisie et les partisans du système renversé fut conclue sur les barricades mêmes de Berlin. On devait faire des concessions nécessaires, mais dans la mesure seulement où elles étaient inévitables ; on devait former un ministère avec les chefs de l'opposition de la Diète réunie ; et, en échange des services qu'elle avait rendus en sauvant la couronne, elle devait compter sur l'appui de tous les piliers de l'ancien gouvernement, de l'aristocratie féodale, de la bureaucratie, de l'armée. Dans ces conditions, Messieurs Camphausen et Hansemann entreprirent de former un cabinet.

Si grande était la peur qu'inspiraient au nouveau ministère les masses en ébullition, qu'à ses yeux tous les moyens étaient bons pourvu qu'ils tendissent à affermir les fondements si ébranlés de l'autorité. Ils croyaient, les pauvres sires abusés, que tout danger d'une restauration de l'ancien système était conjuré, et ils se servirent de toute la vieille machinerie de l'Etat pour rétablir l'*ordre*. Pas un seul bureaucrate ou officier militaire ne fut congédié ; pas le moindre changement ne fut apporté dans le vieux système bureaucratique d'administration. Ces précieux ministres constitutionnels et responsables réintégrèrent même dans leurs postes les fonctionnaires que le peuple, dans le premier feu de son ardeur révolutionnaire, avait chassés pour cause de leurs anciennes insolences bureaucratiques. Il n'y avait de changé en Prusse que les personnes des ministres ; on ne toucha même pas aux états-majors ministériels des différents départements ; quant à tous les quémandeurs de place constitutionnels, qui avaient formé le chœur des gouvernants nouvellement élus, et qui s'attendaient à leur part de pouvoir et d'emplois, on leur signifia qu'ils eussent à attendre que la stabilité des choses restaurée permît d'introduire des changements dans le personnel bureaucratique, lesquels pour le moment n'étaient pas sans danger.

Le roi, tout à fait démonté depuis l'insurrection du 18 mars, s'aperçut bientôt que ces ministres « libéraux » avaient tout aussi besoin de lui qu'il avait besoin d'eux. Le trône avait été épargné par l'insurrection ; le trône était le dernier obstacle opposé à l'anarchie ; la bourgeoisie libérale et ses chefs, actuellement au ministère, avaient donc tout intérêt à vivre en bonne intelligence avec le trône. Le roi et la Camarilla réactionnaire qui l'entourait, ne tardèrent pas à le comprendre et ils profitèrent de la circonstance pour entraver l'action du ministère, jusque dans ces réformes insignifiantes proposées de temps à autre.

Le premier soin du ministère fut de donner une sorte d'apparence légale aux violents changements récents. La Diète réunie fut convoquée, malgré toute l'opposition populaire, à l'effet de voter, comme l'organe légal et constitutionnel du peuple, une nouvelle loi électorale pour l'élection d'une assemblée qui devait s'entendre avec la couronne sur une constitution nouvelle. Les élections devaient être indirectes ; l'ensemble des électeurs élisaient un certain nombre d'électeurs qui avaient à élire le représentant. Malgré toute l'opposition, ce système de l'élection à deux degrés fut adopté. Ensuite on demanda à la Diète un emprunt de 25 millions de dollars ; combattu par le parti populaire, l'emprunt fut également consenti.

Ces actes du ministère donnèrent un rapide essor au parti populaire ou parti démocratique, comme dès lors il s'intitulait lui-même. Ce parti, dirigé par la classe des petits commerçants et des petits boutiquiers, et qui au début de la révolution réunissait la grande majorité des travailleurs, demanda le suffrage direct et universel, pareil à celui établi en France, une assemblée législative unique, et la reconnaissance pleine et entière de la Révolution du 18 mars; comme base d'un nouveau système de gouvernement. La fraction modérée se contentait d'une monarchie ainsi « démocratisée » ; la fraction la plus avancée demandait l'établissement définitif de la République. Les deux fractions s'accordaient pour reconnaître l'Assemblée nationale allemande de Francfort pour l'autorité suprême du pays, tandis que les constitutionnels et les réactionnaires affectaient d'avoir en parfaite horreur la souveraineté de ce corps qu'ils prétendaient considérer comme absolument révolutionnaire.

Le mouvement indépendant des classes ouvrières avait été arrêté pour un temps par la révolution. Les exigences et les circonstances immédiates du mouvement ne permettaient pas de porter au premier plan aucune des revendications spécifiques du parti prolétarien. En effet, aussi longtemps que le terrain n'était pas déblayé pour l'action indépendante des ouvriers, aussi longtemps que le suffrage direct et universel n'était pas introduit, aussi longtemps que les trente-six Etats, grands et petits, continuaient de couper l'Allemagne en d'innombrables morceaux, que pouvait faire le parti prolétarien, sinon suivre le mouvement de Paris — décisif pour lui — et lutter, de concert avec les petits boutiquiers, pour la conquête des droits qui leur permettraient de combattre ensuite leur propre combat ?

Donc, par trois points seulement, le parti prolétarien se distinguait essentiellement, dans son action politique, de la classe des petits bourgeois ou du parti démocratique proprement dit : premièrement par son jugement du mouvement français, car les démocrates attaquèrent le parti extrême de Paris, alors que les révolutionnaires prolétariens le défendaient ; deuxièmement par leur déclaration de la nécessité d'établir une République allemande une et indivisible, alors que les archi-ultras parmi les démocrates osaient tout au plus soupirer après une République fédérative ; et troisièmement par cette audace et promptitude à l'action révolutionnaire dont ils firent preuve en toutes occasions, et qui fera toujours défaut à tout parti composé principalement de petits bourgeois et dirigé par de petits bourgeois.

Le parti prolétaire, ou vraiment révolutionnaire, ne réussissait que très graduellement à soustraire la masse des travailleurs à l'influence des démocrates dont au commencement de la révolution ils avaient formé la queue. Mais, en temps voulu, l'indécision, la faiblesse et la couardise des chefs démocratiques firent le reste; et l'on peut dire, aujourd'hui, qu'un des principaux résultats des convulsions des dernières années consiste en ce que la classe ouvrière, partout où elle est concentrée en masses tant soit peu considérables, est complètement affranchie de cette influence démocratique, qui en 1848 et 49 la conduisit à une série interminable de fautes et de malheurs.

Mais mieux vaut ne pas anticiper : les événements de ces deux années nous fourniront d'amples occasions de montrer ces démocrates à l'œuvre.

En Prusse, la population agricole avait profité de la révolution de même qu'en Autriche — bien que moins énergiquement, se trouvant un peu moins opprimée par la féodalité — pour se débarrasser de toutes les entraves féodales. Mais là, pour des raisons exposées plus haut, la bourgeoisie se tourna aussitôt contre elle, sa plus vieille, sa plus indispensable alliée. Les démocrates, non moins épouvantés que la bourgeoisie par ce qu'on appelait des attentats contre la propriété privée, se gardèrent également de la soutenir ; et c'est ainsi qu'après trois mois d'émancipation, après des luttes sanguinaires et des exécutions militaires, notamment en Silésie, la féodalité fut rétablie par la bourgeoisie, hier encore anti-féodale.

Il n'y a pas de fait à leur reprocher qui les condamne plus irrémissiblement que celui-là. Une trahison semblable de ses meilleurs amis, de soi-même, jamais aucun parti dans l'histoire ne l'a commise, et quelles que soient les humiliations, quels que soient les châtiments réservés à ce parti bourgeois, par ce seul acte, il les aura mérités tous.

VII

L'ASSEMBLÉE NATIONALE DE FRANCFORT

LONDRES, Janvier 1852.

Le lecteur se rappellera peut-être que dans les six articles qui précèdent, nous avons suivi le mouvement révolutionnaire en Allemagne jusqu'aux deux grandes victoires du 13 mars à Vienne et du 18 mars à Berlin. En Autriche comme en Prusse, nous l'avons vu, des gouvernements constitutionnels furent établis et des principes libéraux ou bourgeois proclamés la règle de toute politique future ; la seule différence appréciable entre les deux grands centres de l'action consistait en ceci, c'est qu'en Prusse la bourgeoisie libérale, dans les personnes de deux riches commerçants, MM. Camphausen et Hansemann, s'emparait directement des rênes du pouvoir, tandis qu'en Autriche, où la bourgeoisie, au point de vue politique était beaucoup moins instruite, ce fut la bureaucratie libérale qui entrait en fonction et déclarait exercer le pouvoir pour le compte de celle-là.

Nous avons vu, en outre, comment les partis et les classes de la société qui jusqu'alors étaient unis dans l'opposition à l'ancien gouvernement, se divisèrent après la victoire ou au cours de la lutte même ; et comment cette bourgeoisie libérale, qui fut seule à profiter de la victoire, se retourna brusquement contre ses alliés d'hier, prit une attitude hostile envers chaque classe ou parti plus avancé, et conclut une alliance avec les éléments féodaux et bureaucratiques vaincus. De fait, il était manifeste dès le commencement du drame révolutionnaire, que la bourgeoisie libérale ne pourrait tenir tête aux partis féodaux et bureaucratiques, vaincus mais non détruits, sans l'appui des partis populaires plus avancés, et qu'elle aurait également besoin de l'aide de la noblesse féodale et de la bureaucratie contre l'assaut de ces masses radicales. Il était clair que la bourgeoisie en Autriche ne possédait pas la force nécessaire pour maintenir son pouvoir et pour adapter les institutions du pays à ses besoins et à ses idées. Le ministère bourgeois libéral n'était qu'une halte d'où, suivant le cours des circonstances, le pays devrait, ou s'élever au degré supérieur du républicanisme unitaire, ou retomber dans le vieux régime clérico-féodal et bureaucratique. Dans tous les cas, le vrai et décisif combat était encore à livrer ; les événements de mars n'avaient fait qu'engager la bataille.

Comme l'Autriche et la Prusse étaient les deux Etats prédominants de l'Allemagne, toute victoire révolutionnaire décisive à Vienne ou à Berlin eût été décisive pour toute l'Allemagne. Et jusqu'à un certain point, les événements de mars 1848 déterminèrent la marche des affaires allemandes dans ces deux villes. Il serait superflu, par conséquent, de revenir sur le mouvement dans les petites villes, et nous pourrions effectivement nous borner à la considération exclusive des affaires de l'Autriche et de la Prusse, si ces petits Etats n'avaient donné naissance à un corps dont l'existence même était une preuve frappante de la situation anormale de l'Allemagne et de l'insuffisance de la récente révolution ; un corps si anormal, si grotesque par sa position même, et néanmoins si convaincu de sa propre importance, que l'histoire, il est plus que probable, n'en fournira pas le pendant.

Ce corps était la soi-disant *Assemblée nationale allemande* de Francfort-sur-le-Mein.

Après les victoires populaires de Vienne et de Berlin, la convocation d'une assemblée représentative pour toute l'Allemagne allait de soi. L'assemblée fut donc élue, et elle se réunit à Francfort, à côté de la vieille diète fédérative. Le peuple supposait que l'Assemblée nationale allemande réglerait toutes les affaires en contestation et agirait comme la plus haute autorité législative pour l'ensemble de la confédération allemande. Or, la Diète qui l'avait convoquée n'avait en aucune façon déterminé ses attributions. Personne ne savait si ses décrets devaient avoir force de loi ou s'ils devaient être soumis à la sanction de la Diète, ou des gouvernements individuels.

Dans cet embarras, si l'Assemblée avait possédé la moindre énergie, elle aurait immédiatement dissous et congédié la Diète, le corps constitué le plus impopulaire en Allemagne, et l'aurait remplacée par un gouvernement fédéral, choisi parmi ses propres membres. Elle se serait déclarée la seule expression légale de la volonté souveraine du peuple allemand et aurait donné ainsi une validité légale à chacun de ses décrets. Elle se serait, avant tout, assuré une force organisée et armée dans le pays, qui aurait suffi pour mater toute opposition des gouvernements. Et c'était chose facile, très facile, pendant cette première période de la révolution. Mais c'eût été là beaucoup trop demander d'une assemblée dont la majorité se composait d'avocats libéraux et de professeurs doctrinaires, d'une assemblée qui, tout en ayant la prétention d'incarner l'essence de la science et de l'esprit allemands, n'était en réalité qu'une scène où de vieux et décrépits personnages politiques exhibaient aux yeux de l'Allemagne entière leur absurdité involontaire, leur impuissance à penser et à agir. Cette assemblée de vieilles femmes, dès le premier jour de son existence, avait plus peur du moindre mouvement populaire que de toutes les conspirations réactionnaires des gouvernements allemands réunis. Ses délibérations eurent lieu sous la surveillance de la Diète, dont elle mendiait, pour ainsi dire, la sanction à ses décrets, parce que ses premières résolutions devaient être promulguées par ce corps détesté. Au lieu d'affirmer sa propre souveraineté, elle évita soigneusement la discussion d'une question aussi épineuse. Au lieu de s'entourer d'une force populaire, elle passa à l'ordre du jour sur la question des empiétements des gouvernements. Sous ses yeux Mayence fut mise en état de siège et sa population désarmée ; et l'Assemblée nationale ne bougea pas. Plus tard elle élut l'archiduc Jean d'Autriche pour régent d'Allemagne et déclara que toutes les résolutions de l'assemblée auraient force de loi ; or l'archiduc Jean ne fut investi de sa nouvelle dignité qu'une fois le consentement de tous les gouvernements obtenu, et il fut installé non pas par l'Assemblée mais par la Diète. Quant à la force légale des décrets de l'Assemblée, c'était un point qui n'avait jamais été reconnu par les grands gouvernements et sur lequel l'Assemblée elle-même n'avait pas insisté ; la question restait ouverte.

On eut donc le singulier spectacle d'une assemblée qui, tout en ayant la prétention d'être l'unique représentant légal d'une grande et souveraine nation, ne possédait ni la volonté ni la force pour faire valoir ses réclamations. Les discussions de cette assemblée, sans résultat pratique quelconque, n'avaient même pas de valeur théorique, puisqu'on n'y rabachait que les lieux communs et les banalités les plus rebattus des écoles philosophiques et juridiques surannées ; qu'on n'y prononçait ou plutôt n'y balbutiait pas une parole qui n'eût été depuis longtemps déjà imprimée mille fois et mille fois mieux.

Ainsi la prétendue autorité centrale nouvelle de l'Allemagne laissait les choses en état. Bien loin de réaliser l'unité tant désirée de l'Allemagne, elle ne dépossédait pas même le plus insignifiant des princes qui la gouvernaient ; elle ne resserrait pas les liens qui unissaient ses provinces séparées ; elle ne fit pas un seul pas pour abattre les barrières de douane qui séparaient le Hanovre de la Prusse et la Prusse de l'Autriche ; elle ne fit pas la moindre tentative pour abolir les droits odieux qui partout mettent obstacle à la navigation fluviale en Prusse. Mais moins l'Assemblée faisait de besogne, plus elle faisait de rodomontades. Elle créa une flotte allemande, sur le papier, elle annexa la Pologne et le Slesvig, elle permit à l'Autriche allemande de faire la guerre contre l'Italie, mais elle défendit aux Italiens de poursuivre les Autrichiens jusque dans leur sûre retraite en Allemagne ; elle donna trois salves d'applaudissements à la République française, et elle reçut des ambassadeurs hongrois, qui sûrement retournèrent chez eux avec des notions bien plus embrouillées sur l'Allemagne qu'ils ne les avaient en arrivant.

Cette assemblée avait été, au début de la révolution, la bête noire de tous les gouvernements allemands. Ils s'attendaient à une action dictatoriale et révolutionnaire de sa part, en raison même du caractère vague qu'on avait trouvé nécessaire de lui conserver. Ces gouvernements ourdissaient donc une vaste trame d'intrigues dans le but d'amoindrir l'influence de ce corps redouté ; mais ils se trouvaient avoir plus de bonheur que de bon sens, car cette assemblée faisait mieux la besogne des gouvernements qu'ils ne l'auraient pu faire eux-mêmes. Au premier rang de ces intrigues figurait la convocation d'assemblées législatives locales ; non seulement les petits Etats convoquaient leurs chambres législatives, mais la Prusse et l'Autriche aussi réunissaient des assemblées constituantes. Dans celles-ci, de même que dans le parlement de Francfort, la bourgeoisie libérale ou ses alliés, des avocats libéraux et des bureaucrates, formèrent la majorité, et la marche des événements était à peu près identique dans chacune d'elles. Il y avait pourtant une différence ; l'Assemblée nationale allemande était le parlement d'un pays imaginaire, puisqu'elle avait décliné la tâche de créer une Allemagne unie, la première condition cependant de sa propre existence ; elle discutait les mesures imaginaires et à jamais irréalisables d'un gouvernement imaginaire de sa propre création, et elle votait des résolutions imaginaires dont personne ne s'inquiétait ; tandis qu'en Autriche et en Prusse les corps constituants étaient du moins des parlements réels, qui renversaient et créaient des ministères réels, et qui imposaient, momentanément au moins, leurs résolutions aux princes qu'ils eurent à combattre. Eux aussi étaient lâches et manquaient de vues larges sur le mouvement révolutionnaire ; eux aussi trahissaient le peuple et remettaient le pouvoir entre les mains du despotisme féodal, bureaucratique et militaire. Mais, du moins, fallait-il qu'ils discutassent des questions pratiques, d'un intérêt immédiat, et qu'ils vécussent terre à terre avec d'autres hommes, tandis que les farceurs de Francfort n'étaient jamais plus heureux que lorsqu'ils pouvaient errer dans « le royaume aérien des rêves ». C'est pourquoi les travaux des assemblées constituantes de Berlin et de Vienne forment une partie importante de l'histoire de la révolution allemande, tandis que les élucubrations de la nigauderie collective de cette assemblée de Francfort intéressent tout au plus le collectionneur de curiosités littéraires et antiquaires.

Le peuple allemand, qui sentait profondément la nécessité d'en finir avec la détestable division du territoire émiettant et anéantissant la force collective de la nation, croyait, pendant un temps, voir poindre dans l'Assemblée nationale une ère nouvelle. Mais la conduite puérile de cet assemblage de Salomons calma vite l'enthousiasme national. Les procédés honteux auxquels donna lieu l'armistice de Malmoë (septembre 1848) firent éclater l'indignation populaire contre une assemblée qui, on l'avait espéré, ouvrirait à la nation un champ libre pour l'action, et qui, au contraire, emportée par une lâcheté sans égale, rendait seulement leur solidité première aux fondements sur lesquels est bâti le système contre-révolutionnaire actuel.

VIII

POLONAIS, TCHÈQUES ET ALLEMANDS

LONDRES, Février 1852.

Des faits relatés dans les précédents articles il ressort clairement qu'à moins qu'une nouvelle révolution ne succédât à celle de mars 1848, les circonstances en Allemagne reviendraient forcément au point où elles étaient avant cet événement. Mais le phénomène historique sur lequel nous nous efforçons de jeter quelque lumière est d'une nature tellement compliquée que les événements ultérieurs ne pourront être parfaitement compris que si l'on tient compte de ce qu'on peut appeler les relations extérieures de la Révolution allemande. Et ces relations extérieures étaient de nature aussi compliquée que les affaires à l'intérieur.

La moitié Est tout entière de l'Allemagne

jusqu'à la Saale et au Bœhmerwald a été, on le sait, reprise au cours des derniers mille ans, aux envahisseurs d'origine slave. La majeure partie de ces territoires a été germanisée, jusqu'à extinction complète de la nationalité et de la langue slaves, depuis plusieurs siècles ; et si nous exceptons quelques débris complètement isolés, qui comptent, en tout, moins de 100.000 âmes (les Cassoubes en Poméranie, les Wendes ou Sorabes en Lusace, etc.), leurs habitants sont, à tous les points de vue, des Allemands. Mais il n'en est pas de même de toute la frontière de l'ancienne Pologne et des pays de langue tchèque, en Bohême et en Moravie. Ici les deux nationalités sont mêlées dans chaque district : les villes étant en général plus ou moins allemandes, tandis que l'élément slave prédomine dans les villages ruraux, où cependant il se désagrège aussi, peu à peu, et se trouve refoulé par le progrès constant de l'influence allemande.

La raison de cet état de choses, la voici : Dès les temps de Charlemagne les Allemands ont dirigé leurs efforts les plus constants, les plus persévérants vers la conquête, la colonisation, ou, tout au moins, la civilisation de l'Europe orientale. Les conquêtes de la noblesse féodale entre l'Elbe et l'Oder, et les colonies féodales, des ordres militaires des chevaliers en Prusse et en Livonie, ne faisaient que préparer le terrain pour un système de germanisation autrement vaste et efficace par la bourgeoisie commerçante et industrielle, laquelle, en Allemagne, aussi bien que dans le reste de l'Europe occidentale, avait acquis de l'importance sociale et politique depuis le xve siècle. Les Slaves et, en particulier, les Slaves occidentaux (Polonais et Tchèques) sont essentiellement une race agricole ; ils n'ont jamais fait grand cas de l'industrie et du commerce. Il en résulta qu'avec l'accroissement de la population et la création des villes dans ces régions, la production de tous les articles industriels tomba de plus en plus entre les mains des immigrés allemands, et que l'échange de ces marchandises contre des produits agricoles devint le monopole exclusif des juifs, lesquels, en tant qu'ils appartiennent à une nationalité quelconque, sont dans ces pays, sans conteste, plutôt Allemands que Slaves. Cela a été le cas, bien qu'à un degré moindre, dans toute l'Europe orientale. A Pétersbourg, Pesth, Jassy et même à Constantinople, l'artisan, le petit bourgeois, le petit manufacturier, est, jusqu'à l'heure présente, un Allemand; tandis que le prêteur d'argent, le cabaretier, le marchand ambulant — personnage des plus importants dans ces pays peu peuplés — est, le plus souvent, un juif, dont la langue maternelle est un allemand horriblement corrompu. L'importance de l'élément allemand dans les localités de la frontière slave augmentait ainsi avec l'accroissement des villes et du commerce, et s'accroissait encore quand il devenait nécessaire d'importer presque tous les éléments de la culture intellectuelle d'Allemagne; après le marchand et l'artisan allemands, le prêtre allemand, le maître d'école allemand, le savant allemand, vinrent s'établir sur le territoire slave. Et enfin, le pas d'airain d'armées conquérantes, ou l'étreinte circonspecte et préméditée de la diplomatie, ne faisaient pas que suivre seulement, mais maintes fois devançaient le lent mais sûr progrès de la dénationalisation par le développement social. De grandes parties de la Prusse occidentale et de Posen ont été germanisées ainsi depuis le premier partage de la Pologne, au moyen de ventes et de concessions de domaines publics à des colons allemands, d'encouragements donnés aux capitalistes allemands pour l'établissement de fabriques, etc., dans ces régions, et bien souvent aussi, au moyen de mesures excessivement despotiques contre les habitants polonais du pays.

Les dernières soixante dix années avaient ainsi entièrement déplacé la ligne de démarcation entre les nationalités allemandes et polonaises. Puisque la Révolution de 48 avait immédiatement revendiqué pour toutes les nations opprimées une existence indépendante et le droit de régler leurs propres affaires, il était tout naturel que les Polonais réclamassent de suite le rétablissement de leur pays dans les limites des frontières de la vieille République polonaise avant 1772. Il est vrai que déjà cette frontière était devenue impropre à délimiter les nationalités allemandes et polonaises ; elle l'était devenue davantage d'année en année, par suite de la germanisation progressive ; mais les Allemands avaient manifesté un si grand enthousiasme pour la restauration de la Pologne, qu'il leur fallait bien s'attendre à ce qu'on leur demandât, comme une première preuve de sympathie, de renoncer à leur part du butin. D'un autre côté, devait-on céder des contrées entières, habitées, pour la plupart, par des Allemands ; devait-on céder des grandes villes, entièrement allemandes, à un peuple qui n'avait pas encore prouvé qu'il était capable de s'élever au-dessus d'un état de féodalité basé sur la servitude agraire ?

La question était suffisamment compliquée. Une guerre avec la Russie offrait l'unique solution possible. Dans cette éventualité, la question de la démarcation des différentes nations révolutionnaires eût été subordonnée à celle de l'établissement, au préalable, d'une frontière sûre contre l'ennemi commun. Les Polonais, mis en possession de vastes territoires dans l'Est, eussent été plus traitables au sujet de l'Ouest ; et en fin de compte, Riga et Milan leur auraient paru tout aussi importants que Dantzig et Elbing. Le parti avancé de l'Allemagne, qui estimait qu'une guerre avec la Russie était nécessaire pour entretenir le mouvement continental, et qui pensait que le rétablissement national même d'une partie de la Pologne déterminerait fatalement cette guerre, soutenait les Polonais ; par contre, le parti bourgeois au pouvoir, qui prévoyait clairement qu'une guerre nationale avec la Russie, par cela même qu'elle appellerait au gouvernement des hommes plus actifs et plus énergiques, amènerait sa propre chute, déclara, avec un feint enthousiasme pour l'extension de la nationalité allemande, que la Pologne prussienne, le centre de l'agitation révolutionnaire polonaise, faisait partie intégrante de l'empire allemand futur. Les promesses faites aux Polonais dans les premiers jours furent honteusement trahies. Des armements polonais, sanctionnés par le gouvernement, furent dispersés et massacrés par l'artillerie prussienne ; et dès le mois d'avril, six semaines à peine après la Révolution de Berlin, le mouvement polonais était écrasé et la vieille inimitié nationale ravivée entre Polonais et Allemands. Ce furent les ministres-marchands libéraux, Camphausen et Hansemann, qui rendirent ce service immense, d'un prix inestimable, à l'autocrate Russe.

Il importe d'ajouter que cette campagne polonaise était le premier moyen de réorganiser et de rassurer cette même armée prussienne qui, par la suite, chassa le parti libéral et étouffa le mouvement que MM. Camphausen et Hansemann s'étaient donné tant de mal pour mettre sur pied.

« Par où ils ont péché, ils sont punis ». Tel a été le sort de tous les parvenus de 1848 et 1849, de Ledru-Rollin à Changarnier et de Camphausen à Haynau.

La question de nationalité donna lieu à une autre lutte en Bohême. Ce pays, habité par deux millions d'Allemands et trois millions de Slaves, parlant la langue tchèque, avait de grands souvenirs historiques, qui se rattachaient presque tous à l'ancienne suprématie des Tchèques. Or, la force de cette branche de la famille slave avait été brisée dès les guerres des Hussites au XVe siècle. La province parlant la langue tchèque fut divisée ; une portion formait le royaume de la Bohême ; une autre, la principauté de Moravie ; une troisième, les monts Karpathes des Slovaques, faisait partie de la Hongrie. Les Moraves et les Slovaques avaient depuis longtemps perdu tout vestige de sentiment et de vitalité nationales, quoique pour la plupart conservant leur langue. La Bohême, de trois côtés sur quatre, était entourée de pays entièrement allemands. L'élément allemand avait fait de grands progrès sur son propre territoire ; dans la capitale même, à Prague, les deux nationalités se contrebalançaient à peu près, et partout, le capital, le commerce, l'industrie et la culture intellectuelle étaient entre les mains des Allemands. Le grand champion des Tchèques, le professeur Polacky n'est lui-même qu'un savant allemand détraqué, et qui, à cette heure, ne sait pas encore parler la langue tchèque avec correction et sans accent. Mais ainsi qu'il arrive souvent, la nationalité tchèque mourante, mourante d'après le témoignage de tous les faits connus de l'histoire des derniers quatre cents ans, tenta, en 1848, un dernier effort pour recouvrer sa vitalité première ; un effort dont l'insuccès, en dehors de toutes considérations révolutionnaires, devait prouver que la Bohême ne saurait désormais exister que comme une partie constituante de l'Allemagne, quoiqu'une portion de ses habitants puisse continuer, pendant quelques siècles encore, de parler une langue autre que l'allemand.

IX

PANSLAVISME. LA GUERRE DE SLESVIG-HOLSTEIN

LONDRES, Février 1852.

La Bohême et la Croatie (autre membre détaché de la famille slave, sur lequel le Hongrois agit comme l'Allemand agit sur la Bohême) étaient les foyers de ce que, sur le continent européen, on appelle le *Panslavisme*. Ni la Bohême, ni la Croatie, n'étaient assez fortes pour exister comme nations autonomes. Leurs nationalités respectives, minées peu à peu par des causes historiques, grâce auxquelles elles sont fatalement absorbées par des races plus énergiques, ne pouvaient espérer recouvrer quelque indépendance que par l'alliance avec d'autres nations slaves. Il y avait 22 millions de Polonais, 45 millions de Russes, 8 millions de Serbes et de Bulgares : pourquoi ne pas former une puissante confédération des 80 millions de Slaves, et repousser et exterminer l'intrus sur le sol slave sacré, le Turc, le Hongrois et par dessus tout, le détesté, mais indispensable Niemetz, l'Allemand ?

C'est ainsi que fut élaboré dans les cabinets de travail de quelques Slaves, dilettanti en science historique, ce mouvement absurde et anti-historique, mouvement qui ne prétendait à rien moins qu'à soumettre l'occident civilisé à l'orient barbare, la ville à la campagne, le commerce, la manufacture, l'intelligence à l'agriculture primitive des serfs slaves. Mais derrière cette grotesque théorie se dressait la terrible réalité de l'empire russe ; de l'empire qui par chacun de ses mouvements émet la prétention de considérer toute l'Europe comme le domaine de la race slave, et spécialement de la seule partie énergique de cette race, des Russes ; de l'empire qui, avec deux capitales telles que St-Pétersbourg et Moscou, n'aura pas trouvé son centre de gravité aussi longtemps que la « Cité du Czar » (Constantinople, en russe Tzarigrad, la cité du czar), considérée par tout paysan russe comme la véritable métropole de sa religion et de sa nation, ne sera pas effectivement la résidence de son empereur ; de l'empire qui, pendant les derniers 150 ans n'a jamais perdu, mais toujours gagné du territoire dans toutes les guerres qu'elle a entreprises. Et bien connues dans l'Europe centrale sont les intrigues de la politique russe pour soutenir le système panslaviste de la dernière mode, et qui mieux que tout autre système imaginable remplissait son but. Les Panslavistes bohémiens et croates travaillaient donc, les uns délibérément, les autres inconsciemment, dans l'intérêt direct de la Russie ; ils trahissaient la cause révolutionnaire pour l'ombre d'une nationalité qui, dans le meilleur cas, aurait subi le sort de la nationalité polonaise sous la domination russe. Toutefois, il convient de dire pour l'honneur des Polonais, qu'ils ne se sont jamais laissé sérieusement prendre à ces pièges panslavistes ; et si un petit nombre d'aristocrates étaient des Panslavistes enragés, c'est qu'ils savaient qu'ils avaient moins à perdre par leur sujétion à la Russie que par une révolte de leurs propres paysans asservis.

Les Bohémiens et les Croates convoquèrent alors un congrès slave à Prague, à l'effet de préparer l'alliance slave universelle. Ce congrès eut été un fiasco même sans l'intervention de la force armée autrichienne. Les différentes langues slaves se distinguent entre elles tout autant que l'anglais, l'allemand et le suédois, et à l'ouverture des débats il n'y avait pas de langue slave commune qui permît aux orateurs de se faire comprendre. On essaya du français, mais le français, non plus, n'était pas intelligible pour la majorité ; et les pauvres enthousiastes slaves, dont l'unique sentiment commun était une commune haine des Allemands, furent obligés, en définitive, de s'exprimer en cette langue allemande si détestée, parce qu'elle était la seule généralement comprise. Or, à la même heure, un autre congrès slave se réunissait à Prague, sous la forme d'uhlans galliciens, de grenadiers croates et slaves, d'artilleurs et de cuirassiers bohémiens ; et ce véritable congrès slave, armé, sous le commandement de Windischgrätz, en moins de 24 heures chassa hors de la ville les fondateurs d'une suprématie slave imaginaire et les dispersa à tous les vents.

Les députés bohémiens, moraves, dalmates et une partie (l'aristocratie) des députés polonais au Reichstag d'Autriche combattaient systématiquement, dans cette assemblée, l'élément allemand. Les Allemands et les Polonais (la noblesse appauvrie) étaient dans l'assemblée les principaux représensentants du progrès révolutionnaire. La masse des députés slaves qui leur faisaient opposition ne se contentèrent pas d'avoir ainsi fait montre des tendances réactionnaires de leur mouvement tout entier, mais ils étaient assez dégradés pour intriguer et conspirer avec ce même gouvernement autrichien qui avaient dispersé leur réunion à Prague. Ils reçurent, eux aussi, la récompense de leur infamie ; après avoir soutenu le gouvernement pendant l'insurrection d'octobre, 1848, laquelle leur assurait enfin une majorité dans le Reichstag, celui-ci, dès lors presque entièrement un Reichstag slave, fut dispersé par les soldats autrichiens tout comme le congrès de Prague, et les Panslavistes furent menacés de la prison au cas où ils bougeraient de nouveau. Et tout ce qu'ils ont obtenu, c'est que la nationalité slave est présentement menacée partout par la centralisation autrichienne, résultat qu'ils ne doivent qu'à leur propre fanatisme et aveuglément.

Si les frontières de la Hongrie et de l'Allemagne eussent été contestables, il y aurait certes eu là une nouvelle brouille. Mais heureusement il n'existait point de prétexte, et les intérêts des deux nations étant intimement liés, elles luttèrent contre les mêmes ennemis, c'est-à-dire le gouvernement autrichien et le fanatisme slave. La bonne entente ne fut pas troublée un seul instant. Cependant, la révolution italienne impliquait une partie du moins de l'Allemagne dans une guerre meurtrière ; et pour prouver à quel point le système de Metternich avait réussi à arrêter l'essor de l'esprit public, il convient de faire remarquer que pendant les premiers six mois de 1848, les mêmes hommes, qui à Vienne étaient montés sur les barricades, allèrent pleins de fougue rejoindre l'armée qui combattait contre les patriotes italiens. Cette déplorable confusion d'idées ne fut cependant pas de longue durée.

Enfin, il y avait la guerre avec le Danemarck au sujet de Slesvig et de Holstein. Ces pays, incontestablement allemands par leur nationalité leur langue et leurs prédilections, sont nécessaires aussi à l'Allemagne pour son développement militaire, maritime et commercial. Depuis trois ans leurs habitants soutenaient une âpre lutte contre l'envahissement danois. De plus, ils avaient pour eux les traités politiques conclus. La révolution de mars les mit aux prises avec les Danois, et l'Allemagne les soutint. Mais tandis qu'en Pologne, en Italie, en Bohême, et plus tard en Hongrie, on poussa les opérations militaires avec une vigueur extrême, dans cette guerre-ci, la seule populaire, la seule révolutionnaire, partiellement tout au moins, on adopta un système de marches et de contremarches inutiles, et on accepta l'intervention de la diplomatie étrangère, qui fit qu'on aboutit, après nombre d'engagements héroïques, à une fin lamentable. Pendant la guerre le gouvernement allemand trahissait l'armée révolutionnaire de Slesvig-Holstein. C'est à dessein qu'il permettait aux Danois de la passer au fil de l'épée, une fois qu'elle était disséminée ou divisée. Le corps des volontaires allemands fut traité de même.

Mais tandis que de la sorte le nom allemand ne récoltait de tous côtés que colère et haine, les gouvernements constitutionnels et libéraux se frottaient les mains de joie. Ils avaient réussi à écraser les mouvements polonais et bohémiens. Partout ils avaient rallumé les vieilles animosités nationales qui jusqu'alors avaient empêché toute entente et toute action communes entre Allemands, Polonais et Italiens. Ils avaient habitué le peuple à des scènes de guerre civile et à la répression par le militaire. L'armée prussienne et l'armée autrichienne, la première en Pologne, la seconde à Prague, avaient repris confiance ;

et pendant qu'on dirigeait le « trop-plein patriotique » (comme dit Heine) de la jeunesse, révolutionnaire, mais de vue courte, sur le Slesvig et la Lombardie pour se faire écraser par la mitraille de l'ennemi, l'armée régulière, l'instrument réellement efficace pour la Prusse comme pour l'Autriche, était mise à même de reconquérir la faveur publique par ses victoires à l'extérieur. Mais, encore une fois, ces armées, renforcées par les libéraux comme un moyen d'action contre le parti avancé, n'eurent pas plutôt retrouvé dans une certaine mesure leur assurance et leur discipline, qu'elles se retournèrent contre les libéraux et rétablirent au pouvoir les hommes de l'ancien régime.

Quand Radetsky, dans son camp d'au delà de l'Adige, reçut les premiers ordres des « ministres responsables » de Vienne, il s'écria : « Quels sont ces ministres ? Ils ne sont pas le gouvernement d'Autriche ; l'Autriche, à cette heure, n'existe pas hors de mon camp ; moi et mon armée, nous sommes l'Autriche. Quand nous aurons battu les Italiens, nous reconquerrons l'empire pour l'empereur ».

Et le vieux Radetsky avait raison ; mais les imbéciles « ministres responsables » ne prirent pas garde à lui.

X

LA RÉVOLUTION DE PARIS ET LA CONTRE-RÉVOLUTION EN ALLEMAGNE

LONDRES, Février 1852,

Dès le commencement d'avril 1848, le torrent révolutionnaire se trouva arrêté sur tout le continent Européen par la ligue que les classes de la société qui avaient bénéficié de la première victoire formèrent aussitôt avec les vaincus. En France les petits commerçants et la fraction républicaine de la bourgeoisie s'étaient unis à la bourgeoisie monarchiste contre les prolétaires ; en Allemagne et en Italie, la bourgeoisie victorieuse avait recherché avec empressement l'appui de la noblesse féodale contre la masse du peuple et des petits commerçants. Bientôt les partis conservateurs et contre-révolutionnaires coalisés reprirent l'ascendant. En Angleterre, une manifestation intempestive et mal préparée (le 10 avril) aboutit à une complète et décisive défaite du parti populaire. En France, deux mouvements semblables (le 16 avril et le 15 mai) échouèrent également. En Italie, le roi Bomba reconquit son autorité par un seul coup, le 15 mai. En Allemagne, les différents gouvernements nouveaux et leurs assemblées constituantes respectives se consolidèrent ; et si le 15 mai, si fertile en événements, donnait lieu à Vienne à une victoire populaire, ce fut là un événement d'importance secondaire et qui peut être considéré comme la dernière étincelle que jeta l'énergie populaire.

En Hongrie, le mouvement semblait être canalisé dans les voies d'une parfaite légalité, et les baïonnettes prussiennes, nous venons de le voir, avaient étouffé dans le germe le mouvement polonais. Quant à la tournure éventuelle que prendraient les choses, rien n'était déterminé encore, et chaque pouce de terrain que perdaient les révolutionnaires dans les différents pays ne faisait que les inciter à serrer les rangs pour l'action décisive.

La bataille décisive approchait. Elle ne pouvait se livrer qu'en France, car la France, tant que l'Angleterre ne participait pas au conflit révolutionnaire et que l'Allemagne demeurait divisée, la France, par son indépendance nationale, sa civilisation et sa centralisation, était le seul pays capable de donner l'impulsion d'une puissante secousse aux pays à l'entour.

Aussi bien, quand le 23 juin 1848,[1] la lutte sanguinaire commença à Paris, quand chaque nouveau télégramme, chaque nouvelle poste exposa toujours plus clairement aux yeux de l'Europe le fait que cette lutte était menée par la masse entière du peuple ouvrier, d'un côté, et de toutes les autres classes de la population parisienne appuyée par l'armée, de l'autre; quand les combats se succédèrent pendant plusieurs jours avec un acharnement sans exemple dans l'histoire des guerres civiles modernes, mais sans aucun avantage visible d'un côté ou de l'autre, il devenait manifeste alors pour tous que celle-ci était la grande bataille définitive, laquelle, si l'insurrection triomphait, inonderait le continent de révolutions renouvelées, ou bien, si elle succombait, amènerait le rétablissement, au moins passager, du régime contre-révolutionnaire.

Le prolétariat de Paris fut battu, décimé, écrasé, avec un effet tel que, même à l'heure actuelle, il ne s'est pas encore relevé du coup

Et aussitôt, d'un bout à l'autre de l'Europe, les conservateurs et contre-révolutionnaires de relever la tête, avec une outrecuidance qui montrait comme ils comprenaient bien l'importance de l'événement. Partout la presse fut harcelée, le droit de réunion entravé ; le moindre incident dans n'importe quelle petite ville de province fut pris pour prétexte à désarmer le peuple, déclarer l'état de siège et faire s'exercer les troupes dans les nouveaux artifices et manœuvres que Cavaignac leur avait appris. Au reste, pour la première fois depuis février, il avait été prouvé que l'invincibilité d'une insurrection populaire dans une grande ville était une illusion; les armées avaient reconquis l'honneur, les troupes battues constamment, jusqu'alors, dans chaque bataille de rue de quelque importance, reprirent confiance dans leur supériorité, même dans ce genre de combat.

De cette défaite des ouvriers de Paris on peut dater les premières démarches positives, les premiers plans définis, projetés par l'ancien parti féodal et bureaucratique d'Allemagne pour se débarrasser même de leur alliée momentanée, la Bourgeoisie, et pour rétablir l'état des choses existant en Allemagne avant les événements de Mars. L'armée était de nouveau la puissance suprême dans l'État, et l'armée lui appartenait et non à la bourgeoisie. Même en Prusse, où, avant 1848, on avait constaté qu'un certain nombre parmi les officiers de grades inférieurs penchaient fortement pour un gouvernement constitutionnel, le désordre introduit dans l'armée par la révolution avait ramené ces jeunes gens raisonneurs à l'obéissance ; dès que le commun soldat se permettait quelques libertés à l'égard des officiers, ceux-ci furent aussitôt convaincus de la nécessité de la discipline et de l'obéissance passive. Les nobles et les bureaucrates vaincus commencèrent à voir, par devers eux, la voie à suivre ; l'armée, plus unie que jamais, enorguellie par ses victoires dans les petites insurrections et dans la guerre au dehors, jalouse du grand succès que venaient de remporter les soldats français, cette armée on n'avait qu'à la mettre en conflit constant avec le peuple et, au moment propice, elle pouvait d'un seul grand coup écraser les révolutionnaires et battre en brèche les prétentions des parlementaires bourgeois. Et le moment opportun pour frapper un coup pareil ne se fit pas trop attendre.

Nous passons sous silence les débats parlementaires et les luttes locales, intéressants parfois, mais le plus souvent ennuyeux, qui occupèrent les différents partis en Allemagne pendant l'été. Qu'il suffise de dire que les représentants des intérêts bourgeois, malgré de nombreux triomphes parlementaires, dont aucun ne donna un résultat pratique, sentaient généralement que leur position entre les partis extrêmes devenait tous les jours plus intenable, et qu'il leur fallait, en conséquence, tantôt chercher l'alliance avec les réactionnaires, tantôt se concilier la faveur des partis populaires. Cette constante vacillation achevait de les déconsidérer dans l'opinion publique, et, grâce à la tournure des événements, le mépris où ils étaient tombés, profita momentanément surtout aux bureaucrates et aux féodaux.

Au commencement de l'automne les rapports des différents partis entre eux s'étaient exaspérés au point de rendre inéluctable une bataille décisive. Le premier engagement de cette guerre entre les masses révolutionnaires et l'armée eut lieu à Francfort. Bien que d'une importance secondaire, il constituait néanmoins le premier avantage sérieux qu'eussent obtenu les troupes sur l'insurrection, et produisit un grand effet moral. La Prusse, pour des raisons faciles à deviner, avait permis au simulacre de gouvernement établi par l'Assemblée nationale de Francfort de conclure un armistice avec le Danemarck, qui non-seulement livrait à la vengeance danoise les Allemands de Slesvig, mais encore désavouait complètement les principes révolutionnaires qui, dans l'opinion générale, étaient en jeu dans la guerre danoise. Cet armistice fut rejeté à une majorité de 2 ou 3 voix par l'Assemblée de Francfort.

Une crise ministérielle simulée suivit cette résolution, mais, trois jours après, l'Assemblée revint sur son vote et alla jusqu'à l'annuler et à sanctionner l'armistice. Ce procédé ignominieux souleva l'indignation du peuple. On dressa des barricades ; mais déjà les troupes, en nombre suffisant, avaient été dirigées sur Francfort et, après six heures de combat, le soulèvement fut réprimé. Des mouvements semblables, quoique d'importance moindre, se rattachant à cet événement, eurent lieu sur d'autres points de l'Allemagne (Bade, Cologne) et furent également écrasés.

Cet engagement préliminaire donna au parti contre-révolutionnaire ce grand avantage, que désormais le seul gouvernement qui fût sorti, en apparence du moins, d'élections populaires, le gouvernement impérial de Francfort, et l'Assemblée nationale, étaient discrédités aux yeux du peuple.

Ce gouvernement et cette assemblée avaient dû en appeler aux baïonnettes des troupes contre les manifestations de la volonté populaire. Ils étaient compromis ; et si c'était peu de chose que la considération à laquelle ils pouvaient prétendre jusqu'alors, ce désaveu de leur origine, la dépendance où ils étaient des gouvernements antipopulaires et de leurs troupes, faisaient désormais du vicaire de l'empire, de ses ministres et de ses députés, de parfaites nullités. Nous verrons sous peu avec quel mépris l'Autriche d'abord, la Prusse et les petits Etats ensuite, accueillirent tout ordre, toute requête, toute députation qui leur venait de cette assemblée de rêveurs impuissants.

Nous en venons maintenant à ce grand contre coup qu'eut la bataille française de juin en Allemagne, à cet événement qui était aussi décisif pour l'Allemagne que la lutte prolétarienne de Paris l'avait été pour la France; nous voulons dire la révolution de Vienne et l'assaut de cette ville qui s'ensuivit, en octobre 1848. Mais telle est l'importance de cette bataille, et l'explication des diverses circonstances, qui plus particulièrement contribuèrent au dénouement, devra occuper une si large place dans les colonnes de *La Tribune*, que nous sommes obligé de lui consacrer un article spécial.

XI

LA RÉVOLUTION DE VIENNE

LONDRES, Mars 1852.

Nous arrivons maintenant aux événements qui formèrent la contre partie révolutionnaire en Allemagne de l'insurrection parisienne de juin et qui d'un seul coup firent pencher la balance en faveur du parti contre-révolutionnaire, à l'insurrection d'octobre, 1848, à Vienne.

Nous avons vu quelle était la position des différentes classes à Vienne après la victoire du 12 mars. Nous avons vu, en outre, comment le mouvement de l'Autriche allemande se trouvait impliqué dans les événements des provinces non-allemandes de l'Autriche, et en fut entravé. Il ne nous reste qu'à jeter un rapide coup d'œil sur les causes qui déterminèrent ce dernier et plus formidable soulèvement de l'Autriche allemande.

La haute aristocratie et la Bourse qui avaient constitué les principaux étais non-officiels du gouvernement de Metternich, avaient pu, même après les événements de Mars, maintenir une influence prépondérante sur le gouvernement, grâce, non seulement à la cour, l'armée et la bureaucratie, mais grâce surtout à l'horreur de l'*anarchie* qui se répandait rapidement parmi la bourgeoisie. Bientôt ils essayèrent de tâter le terrain, sous la forme d'une loi sur la presse, d'une constitution aristocratique amorphe et d'une loi électorale basée sur l'ancienne division en « Etats ». Le soi-disant ministère constitutionnel, composé de timides et incapables bureaucrates, demi-libéraux, osèrent même, le 15 mai, risquer une attaque directe contre les organisations révolutionnaires des masses, en faisant dissoudre le comité central des délégués de la garde nationale et de la Légion académique, un corps formé dans le but formel de contrôler le gouvernement et, au besoin, d'en appeler contre lui aux forces populaires. Or, cet acte ne servit qu'à provoquer l'insurrection du 15 mai qui força le gouvernement à reconnaître le comité, à abroger la constitution et la loi électorale, et à autoriser un Reichstag constitutionnel élu par le suffrage universel à élaborer une nouvelle loi fondamentale de l'Etat. Tout cela fut confirmé le lendemain par une proclamation impériale Le parti réactionnaire cependant, qui avait également ses représentants dans le ministère, détermina bientôt ses collègues « libéraux » à entreprendre une nouvelle attaque contre les conquêtes populaires. La légion académique, la place forte du parti de l'action, le centre d'une agitation continuelle, et, pour cette raison même, antipathique aux bourgeois modérés de Vienne, fut dissoute, le 26, par un décret ministériel. Peut-être ce coup, exécuté par une partie de la seule garde nationale, eût-il réussi, mais le gouvernement se méfiant d'elle aussi, fit intervenir la troupe, et aussitôt la garde nationale se tourna contre le gouvernement, s'unit à la légion académique et fit échouer le projet ministériel.

Sur ces entrefaites, l'empereur et sa cour avaient, le 16 mai, quitté Vienne et fui à Innspruck. Là, entouré des Tiroliens bigots, dont la loyauté s'était réveillée en présence du danger que faisait courir à leur pays l'invasion de l'armée sardo-lombardienne, et rassuré par la proximité des troupes de Radetsky, car

Innspruck était à la portée de leurs obus, là le parti contre-révolutionnaire trouvait un asile d'où il pouvait en toute sûreté, et à l'abri de toute surveillance, rallier ses forces éparses et réparer et étendre à nouveau le réseau de ses intrigues. On rouvrit des communications avec Radetsky, Jellachich et Windischgrätz, ainsi qu'avec les hommes sûrs dans la hiérarchie administrative des différentes provinces ; on noua des intrigues avec les chefs slaves, et on constitua ainsi une force réelle à la disposition de la Camarilla contre-révolutionnaire, tandis que les impuissants ministres à Vienne usèrent leur courte et faible popularité dans d'incessantes chamailleries avec les masses révolutionnaires et dans les débats de l'Assemblée constituante en perspective. C'est pourquoi la tactique d'abandonner pendant un temps le mouvement de la capitale à lui-même, tactique qui, dans un pays centralisé et homogène comme la France, eût assuré la toute-puissance du parti du mouvement, ici en Autriche, dans un conglomérat politique hétérogène, était un des plus sûrs moyens de réorganiser la force des réactionnaires.

A Vienne la bourgeoisie, persuadée que la cour après trois défaites, et en face d'une Assemblée constituante basée sur le suffrage universel, n'était pas un adversaire à craindre, s'abandonna de plus en plus à cette lassitude, à cette inertie, à ce criant besoin d'ordre et de tranquillité qui partout s'emparent de cette classe à la suite de violentes commotions entraînant après elles le dérangement des affaires. L'industrie de la capitale de l'Autriche est limitée, presque entièrement, aux articles de luxe, pour lesquels, depuis la révolution et la fuite de la cour, il n'y avait eu nécessairement qu'une demande insignifiante. Le cri pour le retour à un système de gouvernement régulier et pour la rentrée de la cour, choses sur lesquelles on comptait pour faire renaître la prospérité commerciale, ce cri devenait général dans la bourgeoisie. On salua avec joie la réunion de l'assemblée constituante en juillet comme la fin de l'ère révolutionnaire. On salua de même la rentrée de la cour qui, après les victoires de Radetsky en Italie et l'avènement du ministère réactionnaire de Doblhoff, s'estimait assez fort pour braver le torrent populaire et dont la présence, d'ailleurs, était nécessaire pour mener à bien les intrigues avec la majorité slave du Reichstag. Pendant que le Reichstag constituant discutait les lois sur l'affranchissement des paysans de la servitude féodale et le travail obligatoire pour la noblesse, la cour faisait un coup de maître.

Le 19 août l'empereur fut induit à passer la revue de la garde nationale; la famille impériale, les courtisans, les hauts fonctionnaires, les grands officiers de la couronne, rivalisèrent entre eux en flatteries aux bourgeois armés, qui déjà étaient ivres d'orgueil de se voir ainsi publiquement reconnus pour un des corps importants de l'Etat, et aussitôt après parut un décret signé de M. Schwarzer, le seul ministre populaire du cabinet, supprimant le secours que le gouvernement avait accordé jusqu'alors aux ouvriers sans travail. Le tour réussit ; les classes ouvrières firent une manifestation; les gardes nationaux bourgeois se prononcèrent pour le décret de leur ministre ; ils furent lancés contre les *anarchistes*, se jetèrent comme des tigres sur les ouvriers sans armes, qui n'opposèrent pas de résistance, et en massacrèrent un nombre considérable, le 22 août. Ainsi furent détruits l'unité et la force révolutionnaires; la lutte de classes entre bourgeois et prolétaires avait abouti, à Vienne aussi, à une catastrophe sanguinaire, et la Camarilla contre-révolutionnaire vit approcher le jour où il lui serait possible de frapper son maître coup.

Les affaires en Hongrie ne tardèrent pas à fournir l'occasion de proclamer publiquement les principes en vertu desquels on entendait agir. Le 15 octobre un décret impérial dans la *Gazette de Vienne* — un décret qui n'était contresigné par aucun des ministres responsables pour la Hongrie — déclarait dissoute la Diète hongroise et nommait Ben Jellachich, de la Croatie, gouverneur civil et militaire de ce pays, — Jellachich, le chef de la réaction de la Slavonie méridionale, un homme qui était en lutte ouverte avec les autorités légales de la Hongrie. En même temps les troupes à Vienne reçurent l'ordre de se mettre en marche et de joindre l'armée qui devait imposer l'autorité de Jellachich. C'était là par trop laisser voir le pied fourchu. Chacun à Vienne sentait qu'une guerre contre la Hongrie était une guerre contre le principe du gouvernement constitutionnel, principe que l'empereur, en essayant de faire des décrets ayant force de loi sans qu'ils fussent contresignés par un ministreresponsable,avaitfoulé aux pieds dans le décret même. Le peuple, la Légion académique, la garde nationale de Vienne se levèrent en masse le 6 octobre, et s'opposèrent au départ des troupes. Un petit nombre de grenadiers passa au peuple, une courte lutte s'engagea entre les forces populaires et les troupes ; le ministre de la guerre, Latour, fut massacré par le peuple et, le soir, ce dernier restait vainqueur. Ben Jellachich, battu à Stuhlweissenbourg par Perczel, s'était réfugié près de Vienne, sur le territoire de l'Autriche allemande ; la garnison viennoise qui devait se porter à son secours prit maintenant une attitude ostensiblement défensive et hostile. L'empereur et la cour s'étaient, encore une fois, enfuis à Olmütz, territoire à demi-Slave.

Or, à Olmütz la situation de la cour était bien différente de ce qu'elle avait été à Innspruck. Sa position actuelle lui permettait d'ouvrir de suite la campagne contre la révolution. Elle était entourée des députés slaves de la Constituante qui accoururent en foule à Olmütz, et des enthousiastes slaves venus des quatre coins de la monarchie. A leurs yeux la campagne devait être une guerre pour la restauration de la suprématie slave et l'extermination des deux intrus sur le territoire qu'ils considéraient comme slave, une guerre contre l'Allemand et le Magyar. Windischgrätz, le vainqueur de Prague, présentement commandant de l'armée concentrée autour de Vienne, devint tout à coup le héros de la nationalité slave. Son armée se renforçait rapidement de tous les côtés. De la Bohême, de Moravie, de la Styrie, de la Haute Autriche et d'Italie arrivèrent régiments sur régiments, par des routes convergeant vers Vienne, dans le but de rejoindre les troupes de Jellachich et l'ex-garnison de la capitale. Plus de 40.000 hommes furent ainsi réunis vers la fin d'octobre, et bientôt ils commencèrent à cerner la cité impériale de tous les côtés, jusqu'à ce que, le 30 octobre, ils se trouvèrent en état de risquer l'attaque suprême.

Cependant à Vienne la confusion et la perplexité régnaient en maître. A peine la victoire remportée que, de nouveau, la vieille méfiance des classes « anarchiques » s'emparait de la bourgeoisie ; les ouvriers qui se rappelaient le traitement qu'ils avaient reçu de la part des commerçants armés, et la politique changeante et fluctuante de la bourgeoisie en général, refusèrent de confier à celle-ci la défense de la capitale et réclamèrent pour eux-mêmes des armes et une organisation militaire. La légion académique, remplie de zèle pour la lutte contre le despotisme impérial, était absolument incapable de comprendre la nature de l'éloignement qui existait entre les deux classes, ni de rien entendre aux difficultés de la situation. Il y avait confusion dans l'esprit public, confusion dans les cercles régnants.

Le reste des députés allemands au Reichstag, et quelques slaves qui, à l'exception d'un petit nombre de députés plus révolutionnaires, jouaient le rôle d'espions pour leurs amis d'Olmütz, siégeaient en permanence; mais au lieu de prendre part résolument à l'action, ils perdaient leur temps en discussions stériles sur la possibilité de résister à l'armée impériale sans outrepasser les limites des conventions constitutionnelles. Le comité de sûreté, composé de députés de presque toutes les organisations populaires de Vienne, quoique décidé à résister, était cependant dominé par une majorité de bourgeois et de petits commerçants qui toujours empêchaient toute action énergique et résolue Le conseil de la légion académique votait des résolutions héroïques, mais était hors d'état de prendre la direction des affaires. La classe ouvrière soupçonnée, désarmée, désorganisée, émergeant à peine du joug intellectuel de l'ancien régime, s'élevant à peine, non pas jusqu'à l'intelligence, mais jusqu'au simple instinct de sa position sociale et de sa ligne de conduite politique propre, ne pouvait se faire entendre que par des manifestations bruyantes, et ne pouvait, comme il fallait s'y attendre, être à la hauteur des exigences du moment. Mais elle était prête — comme toujours elle l'avait été en Allemagne pendant la Révolution — à combattre jusqu'au bout, une fois qu'elle aurait obtenu des armes.

Tel était l'état des choses à Vienne. Au dehors, l'armée autrichienne réorganisée, grisée par les victoires de Radetsky en Italie ; soixante à soixante-dix mille hommes bien armés, bien organisés et, sinon bien commandés, du moins pourvus de commandants ; au dedans, la confusion, l'antagonisme des classes, la désorganisation ; une garde nationale, dont une partie était décidée à ne pas se battre du tout, une autre partie irrésolue, et dont le plus petit nombre seulement était prêt à agir ; une masse prolétarienne puissante par le nombre, mais sans chef, sans éducation politique, sujette à la panique aussi bien qu'à des accès de fureur pour ainsi dire sans motif ; à la merci de chaque faux bruit qu'on faisait courir, entièrement disposée à se battre, mais se trouvant sans armes, et à peu près sans organisation quand enfin on la menait à la bataille ; une Diète en désarroi, qui discutait sur des inanités pendant que le feu prenait au toit au-dessus de sa tête, un comité directeur sans initiative, sans énergie.

Tout était changé depuis les journées de

mars et de mai : alors la confusion était dans le camp des contre-révolutionnaires et la seule force organisée était celle créée par la Révolution. Il ne pouvait guère y avoir de doute sur l'issue de la lutte et si quelque doute pouvait subsister encore, il fut dissipé par les événements du 30 et 31 octobre et du premier novembre.

XII

LA CHUTE DE VIENNE

LONDRES, Mars 1852.

Quand enfin l'armée concentrée de Windischgrätz ouvrit l'attaque sur Vienne, les forces que pouvait opposer la défense étaient tout à fait insuffisantes. Une partie seulement de la garde nationale devait être amenée aux retranchements. Il est vrai qu'une garde prolétarienne avait été formée à la hâte, au dernier moment, mais la tentative d'utiliser ainsi la classe la plus nombreuse, la plus courageuse, la plus énergique de la population ayant été trop tardive, elle se trouvait trop peu rompue aux maniements des armes et trop ignorante des premiers éléments de la discipline pour opposer une résistance victorieuse. En sorte que la légion académique, forte de trois à quatre mille hommes, bien exercés, et disciplinés dans une certaine mesure, était, au point de vue militaire, la seule force capable d'opérer avec succès. Mais qu'était-elle, jointe aux quelques gardes nationaux dignes de confiance, et à la masse confuse des prolétaires armés, opposés aux soldats réguliers de Windischgrätz, alors même qu'on laisse hors de compte les hordes de brigands de Jellachich qui, grâce à leurs habitudes de vie mêmes, étaient d'une grande utilité dans une guerre de maison à maison et de ruelle à ruelle. Et les insurgés n'avaient rien autre chose à opposer à cette artillerie nombreuse et bien équipée, de laquelle Windischgrätz usait sans scrupules, que quelques vieux canons usés, mal montés et mal servis.

Plus le danger approchait, plus la confusion grandissait à Vienne. La Diète ne trouva pas l'énergie nécessaire pour appeler à son secours l'armée hongroise de Perczel qui campait à quelques lieues de la capitale. Le comité votait des résolutions contradictoires, ballotté lui-même, à l'égal des masses populaires armées, au gré de la marée montante et descendante des rumeurs et contre-rumeurs. Sur un seul point tous étaient d'accord : de respecter la propriété, et cela se faisait à un point presque ridicule dans les circonstances.

Pour l'organisation définitive d'un plan de défense, on faisait peu de chose. Bem, le seul homme qui aurait pu sauver Vienne, si qui que ce soit alors eût pu le faire, un étranger à peu près inconnu, slave de naissance, Bem renonça à la tâche, accablé qu'il était par la méfiance générale. Eût-il persévéré, il se peut qu'on l'eût lynché comme traître. Messenhauser, le chef des forces révolutionnaires, qui n'était même pas officier subalterne, mais plutôt romancier, était absolument au-dessous de sa tâche, et ainsi, après huit mois de luttes révolutionnaires, le parti populaire n'avait ni produit, ni attiré à lui, un homme de guerre plus capable.

La bataille s'engagea dans ces conditions. Eu égard à leurs moyens de défense plus que défectueux, à leur manque total d'habileté militaire, à l'absence d'organisation dans les rangs, les Viennois firent une résistance héroïque. En beaucoup d'endroits l'ordre donné par Bem alors qu'il avait le commandement : « de défendre ce poste jusqu'au dernier homme », fut exécuté à la lettre. Mais la force prévalut. Une barricade après l'autre fut balayée par l'artillerie impériale dans les longues et larges avenues qui constituent les principales rues de la banlieue, et dans la soirée du second jour de la bataille, les Croates occupaient la rangée de maisons faisant face au glacis de la vieille ville. Une attaque faible et désordonnée de l'armée hongroise avait complètement échoué, et pendant un armistice, alors que certains groupes dans la vieille ville capitulaient, que d'autres hésitaient et semaient la confusion, et que les restes de la légion académique préparaient de nouveaux retranchements, une trouée fut effectuée par les impérialistes, et à la faveur du désordre général la vieille ville fut prise d'assaut.

Les conséquences immédiates de cette victoire, les brutalités et les exécutions par cour martiale, les cruautés et les infamies sans nom commises par les hordes slaves déchaînées sur Vienne, sont trop connues pour qu'il soit besoin d'y insister ici. Quant aux conséquences ultérieures, à la direction toute nouvelle imprimée aux affaires allemandes par la défaite de la Révolution à Vienne, il y aura lieu de les examiner plus loin.

Il reste deux points à considérer qui se rattachent à la prise de Vienne. Le peuple de cette capitale avait deux alliés, les Hongrois et le peuple allemand. Où étaient-ils à l'heure de l'épreuve ?

Nous avons vu que les Viennois, avec toute

la générosité d'un peuple nouvellement libéré s'étaient soulevés pour une cause qui, bien qu'en dernier ressort la leur, était en premier lieu et avant tout celle des Hongrois. Plutôt que de souffrir que les troupes autrichiennes marchassent sur la Hongrie, ils attirèrent sur eux-mêmes le premier et plus formidable assaut. Et tandis qu'ils se portaient ainsi noblement en avant pour soutenir leurs alliés, les Hongrois refoulaient Jellachich, qu'ils avaient combattu victorieusement, sur Vienne et par leur victoire augmentaient les forces qui devaient attaquer cette ville. Dans ces conjonctures le devoir manifeste de la Hongrie était de soutenir sans retard et avec toutes les forces disponibles, non pas le Reichstag de Vienne, non pas le Comité de sûreté, ni aucun corps officiel à Vienne, mais la *Révolution viennoise*. Alors même que la Hongrie aurait oublié que Vienne avait livré la première bataille de la Hongrie, elle devait à son propre salut de ne pas oublier que Vienne était l'unique poste avancé de l'indépendance hongroise, et que, Vienne tombée, rien ne s'opposerait plus à la marche en avant des troupes impériales contre elle-même.

Or, nous savons fort bien tout ce que les Hongrois peuvent alléguer, et ont allégué, pour justifier leur inaction pendant le blocus et l'assaut de Vienne : l'insuffisance de leurs propres forces, le refus du Reichstag et de tous les autres corps officiels de Vienne de les rassembler ; la nécessité de rester sur un terrain constitutionnel et d'éviter des complications avec le pouvoir allemand central. Quant à l'insuffisance de l'armée hongroise, le fait est que, dans les premiers jours qui suivirent la révolution viennoise et l'arrivée de Jellachich, il n'y avait aucun besoin de troupes régulières, puisque l'armée régulière autrichienne était loin d'être concentrée ; il eut suffi de poursuivre, courageusement et sans relâche, le premier avantage remporté avec les seules forces du *Land-sturm* qui avait combattu à Stuhlweissenbourg, pour effectuer une jonction avec les Viennois et ajourner de six mois toute concentration de l'armée viennoise. En guerre, et particulièrement en guerre révolutionnaire, la première règle est la rapidité d'action, jusqu'à ce qu'un avantage décisif soit acquis ; et cela nous l'affirmons sans hésiter, en nous fondant sur des *considérations purement militaires.* Perczel n'aurait pas dû faire halte jusqu'à ce qu'il eût opéré sa jonction avec les Viennois. A coup sûr il y avait des risques à encourir ; mais qui donc a jamais gagné une bataille sans risquer quelque chose? Et la population de Vienne, population de 400.000 hommes, ne risquait-elle donc rien quant elle attirait sur elle les forces qui devaient marcher à la conquête de 12 millions de Hongrois ? La faute militaire commise par le fait d'attendre que les Autrichiens se fussent réunis, et par la manifestation à Schwechat, qui finit par une défaite inglorieuse, cette faute militaire comportait certes plus de risques qu'une marche résolue sur Vienne contre les brigands débandés de Jellachich.

Mais, a-t-on dit, un tel mouvement des Hongrois, sans l'autorisation d'un corps officiel, aurait été une violation du territoire allemand, aurait amené des complications avec le pouvoir central de Francfort et signifié, avant tout, l'abandon de la politique légale constitutionnelle qui faisait la force de la cause hongroise. Mais c'étaient des zéros que les corps officiels à Vienne ! Etait-ce le Reichstag, étaient-ce les comités populaires qui s'étaient levés pour les Hongrois, ou bien était-ce le peuple de Vienne, et lui seul, qui avait pris le fusil pour soutenir le choc de la première bataille pour l'indépendance hongroise ? Il importait peu que telle ou telle organisation officielle à Vienne fût maintenue ; tous ces corps auraient pû être, et auraient été effectivement, bien vite renversés dans le cours du développement révolutionnaire. C'étaient l'ascendant du mouvement révolutionnaire et le progrès ininterrompu de l'action populaire qui seuls étaient mis en question, et qui seuls pouvaient sauver la Hongrie de l'invasion. Quant aux formes que prendrait ce mouvement révolutionnaire plus tard, c'était l'affaire des Viennois et non des Hongrois, aussi longtemps que Vienne et l'Autriche allemande tout entière continuaient d'être leurs alliés contre l'ennemi commun. Il s'agit de savoir si dans cette insistance du gouvernement hongrois sur une autorisation quasi-légale, il ne convient pas de voir le premier symptôme manifeste de ce système de retranchement derrière une légalité douteuse, lequel s'il n'a pas sauvé la Hongrie, du moins faisait bon effet à une époque ultérieure devant le public des bourgeois anglais.

Tout à fait futile est le prétexte des conflits possibles avec le pouvoir central d'Allemagne à Francfort. Les autorités de Francfort étaient renversées de fait par la victoire de la contre-révolution à Vienne. Elles auraient été renversées quand même la révolution eût trouvé à Vienne l'appui nécessaire pour vaincre ses ennemis. Et enfin, le terrain légal et constitutionnel peut en imposer aux libre-échangistes britanniques, mais ne passera jamais pour suffisant aux yeux de l'histoire. Supposez que les Viennois, le 13 mars et le 6 octobre s'en fussent tenus aux « moyens légaux et constitutionnels », que serait-il advenu alors du mouvement « légal et constitutionnel » et de toutes les glorieuses batailles qui pour la première fois attirèrent sur la Hongrie l'attention du monde civilisé ? Ce terrain légal et constitutionnel, sur lequel les Hongrois déclaraient s'être plaçés en 1848 et 1849, fut précisément conquis pour eux par le soulèvement extrêmement illégal et inconstitutionnel de la population de Vienne le 13 mars. Il n'entre pas dans notre dessein d'étudier ici l'histoire révolutionnaire de la Hongrie, mais il peut convenir de faire observer qu'il est absolument inutile de se borner expressément aux moyens de résistance légaux quand on a affaire à un ennemi qui se rie de scrupules pareils ; et que sans cette éternelle prétention à la légalité, dont Goergey tira profit et qu'il tourna contre le gouvernement, le dévouement de l'armée de Goergey à son général et la catastrophe ignominieuse de Villagos eussent été impossibles. Et quand enfin, pour sauver l'honneur, les Hongrois passèrent la Leitha, vers la fin d'octobre 1848, n'était-ce pas là chose aussi illégale que l'aurait été une attaque immédiate et résolue ?

Nous ne nourrissons pas, on le sait, des sentiments malveillants à l'égard de la Hongrie. Nous l'avons soutenue pendant qu'elle luttait : qu'il nous soit permis de dire que notre journal, la *Neue Rheinische Zeitung* (3), a fait plus que tout autre pour populariser la cause hongroise en Allemagne, par une série d'articles où nous expliquâmes la nature de la lutte entre les races magyares et slaves et où nous suivîmes la guerre hongroise ; articles auxquels on a fait le compliment de les plagier dans presque chaque livre publié depuis sur ce sujet, sans excepter les ouvrages de Hongrois de naissance et de « témoins oculaires ». Aujourd'hui encore nous considérons la Hongrie comme l'alliée nécessaire et naturelle de l'Allemagne dans tout bouleversement continental à venir. Mais nous avons été assez sévère envers nos propres compatriotes pour avoir notre franc-parler avec nos voisins ; d'ailleurs nous avons à enregistrer ici les faits avec l'impartialité de l'histoire, et nous devons déclarer que, dans ce cas particulier, la généreuse bravoure de la population de Vienne était bien plus noble et bien plus perspicace à la fois que la prudente circonspection du gouvernement hongrois. En notre qualité d'Allemand, il nous sera permis d'ajouter que nous ne donnerions pas en échange de toutes les éblouissantes victoires et de toutes les glorieuses batailles de la campagne hongroise ce soulèvement isolé et spontanée, cette résistance héroïque du peuple de Vienne, nos compatriotes, grâce à laquelle les hongrois eurent le temps d'organiser l'armée qui a pu accomplir de si grandes choses.

Le second allié de Vienne était le peuple allemand. Mais celui-ci était engagé partout dans la même lutte que les Viennois. Francfort, Bade, Cologne venaient d'être vaincus et désarmés. A Berlin et à Breslau le peuple et l'armée étaient à couteau tiré, et on s'attendait tous les jours à voir éclater les hostilités. Il en était ainsi dans chaque centre d'action local. Partout des questions étaient pendantes qui ne pouvaient être résolues que par la force des armées ; et maintenant pour la première fois se faisaient amèrement sentir les conséquences désastreuses de la persistance de l'ancien démembrement et décentralisation de l'Allemagne. Au fond les différentes questions étaient les mêmes dans chaque Etat, chaque province, chaque ville ; mais partout elles se posaient sous des formes et des prétextes

8.

différents, et partout elles avaient atteint des degrés divers de maturité. Il arrivait donc que tout en comprenant partout la gravité des événements, on ne pouvait nulle part frapper un grand coup, avec espoir de porter du secours aux Viennois ou de faire une diversion en leur faveur ; il ne restait pour leur venir en aide que le seul parlement et le pouvoir central de Francfort ; aussi faisait-on appel à leur secours de tous les côtés. Or, que firent-ils ?

Le parlement de Francfort et le bâtard qu'il avait mis au monde, — suite de ses rapports incestueux avec la vieille Diète allemande, — le soi-disant pouvoir central, profitèrent du mouvement viennois pour faire étalage de leur parfaite nullité. Cette méprisable assemblée avait depuis longtemps, nous l'avons vu, sacrifié sa virginité ; et toute jeune qu'elle était, elle commençait déjà à grisonner et à être experte dans toutes les roueries de la prostitution hâbleuse et pseudo-diplomatique. Des rêves et des illusions du pouvoir, de la régénération de l'unité allemande qu'elle avait caressé dans les commencements, il ne restait plus rien qu'une phraséologie teutonne à effet, qui revenait à tout propos, et que la ferme croyance de chaque membre individuel en sa propre importance et en la crédulité du public. On avait abjuré la naïveté primitive; les représentants du peuple allemand étaient devenus des hommes pratiques; c'est-à-dire qu'ils avaient conclu que moins ils agiraient et plus ils bavarderaient, plus serait solidement établie leur position d'arbitres de la destinée de l'Allemagne. Ce n'est pas qu'ils estimassent leurs délibérations superflues. Tout au contraire. Mais ils avaient découvert que toutes les questions d'une importance vraie étaient pour eux une terre défendue où il valait mieux ne pas s'aventurer ; et alors, à l'exemple des docteurs byzantins du Bas-Empire, ils se mirent à discuter, avec un sérieux et une assiduité dignes du sort qui finalement les atteignit, des dogmes théoriques depuis longtemps arrêtés dans toutes les parties du monde civilisé, ou de microscopiques questions pratiques qui jamais n'aboutissaient à rien de positif. Comme l'assemblée était une espèce d'école de Lancaster pour l'enseignement mutuel de ses membres, et par conséquent avait pour eux une grande importance, ils s'étaient persuadé qu'elle faisait au delà de ce que le peuple allemand était en droit d'attendre d'elle, et ils regardaient comme traître envers le pays quiconque avait l'impudence d'exiger qu'ils aboutissent à un résultat.

Quand éclata l'insurrection de Vienne, il y eut une avalanche d'interpellations, de débats, de propositions et d'amendements qui naturellement ne menaient à rien. Le pouvoir central devait intervenir. Celui-ci envoya à Vienne deux commissaires, Welcker, l'ex-libéral, et Mosle. Les voyages de Don Quichotte et de Sancho sont matière à une simple odyssée comparés aux prouesses et aux merveilleuses aventures de ces deux chevaliers errants de l'unité allemande. N'osant pas aller à Vienne, ils furent rudoyés par Windischgrätz, dévisagés par l'empereur idiot et impudemment bafoués par le ministère Stadion. Leurs dépêches et leurs rapports sont peut-être la seule partie des procès-verbaux de Francfort qui aura une place dans la littérature allemande ; c'est un roman satirique achevé et un éternel monument de honte pour l'Assemblée de Francfort et son gouvernement.

La gauche de l'Assemblée avait, elle aussi, envoyé deux commissaires à Vienne, dans le but d'y faire valoir son autorité : Froebel et Robert Blum. Blum, à l'approche du danger, jugea avec juste raison, que c'était ici que devait se livrer la grande bataille de la Révolution allemande, et il résolut de jouer sa tête sur l'issue. Froebel, au contraire, opina qu'il était de son devoir de se conserver pour les importantes tâches de son poste à Francfort. Blum passait pour l'un des plus éloquents orateurs de l'Assemblée nationale ; il en était à coup sûr le plus populaire. Son éloquence n'aurait pas été à l'épreuve d'une Assemblée parlementaire expérimentée ; il affectionnait trop les déclamations creuses d'un prédicateur dissident allemand, et son argumentation péchait tout ensemble par le manque d'acuité philosophique et de connaissance des choses pratiques. Comme homme politique, il appartenait à la démocratie modérée ; une tendance tant soit peu vague, mais se recommandant précisément par ce qu'elle avait d'indéfini. Avec cela Robert Blum était, de sa nature, un vrai plébéien, bien qu'un plébéien quelque peu dégrossi, et, aux moments critiques, ses instincts et son énergie plébéiens l'emportèrent sur son indécision et partant sur l'imprécis de ses convictions et de ses connaissances politiques. Dans ces moments il s'élevait bien au-dessus du niveau ordinaire de ses capacités.

C'est ainsi qu'à Vienne il s'aperçut au premier coup d'œil que c'était là et non au milieu des débats, visant à l'élégance, de Francfort, que devait se décider le sort de son pays. Il prit aussitôt son parti, renonça à toute idée de retraite, accepta un commandement dans l'armée révolutionnaire et fit preuve d'un sang-froid et d'une fermeté extraordinaires. Ce fut lui qui retarda pour un temps considérable la prise de la ville et qui protégea l'un de ses côtés contre une attaque, en mettant le feu au pont Tabor sur le Danube.

Il est généralement connu comment, après l'assaut, il fut arrêté, jugé par cour martiale, et fusillé. Il mourut en héros. L'Assemblée de Francfort, quoique frappée d'horreur, accepta cependant ce sanglant outrage avec une bonne grâce apparente. Elle vota une résolution qui, par la mansuétude et la décence diplomatique de la forme, était bien plutôt un outrage à la tombe du martyr assassiné qu'une flétrissure mortelle infligée à l'Autriche. Mais on ne pouvait demander de cette assemblée méprisable de ressentir l'assassinat d'un de ses membres, surtout du leader de la gauche.

XIII

LES ASSEMBLÉES ALLEMANDES

LONDRES, Mars 1852.

Le 1er novembre Vienne tomba et le 9 du même mois la dissolution de l'Assemblée constituante à Berlin montra combien cet événement avait du coup ranimé les esprits et les forces du parti contre-révolutionnaire.

On a bientôt fait de raconter les événements de 1848 en Prusse. L'Assemblée constituante, ou plutôt « l'assemblée élue pour s'entendre avec la couronne sur une constitution », et sa majorité de représentants des intérêts bourgeois, avaient depuis longtemps perdu l'estime publique, pour s'être prêtées à toutes les intrigues de la cour, par crainte des éléments les plus énergiques de la population. Elles avaient confirmé ou plutôt rétabli les privilèges détestés de la féodalité et trahi ainsi la liberté et les intérêts de la paysannerie. Elles n'avaient pu ni élaborer une constitution, ni améliorer en aucune façon la législation générale. Elles s'étaient occupées presque exclusivement de subtiles distinctions théoriques, de pures formalités et de questions d'étiquette constitutionnelle. L'Assemblée, en fait, était plutôt une école de savoir-vivre parlementaire pour ses membres qu'un corps auquel le peuple aurait pu s'intéresser. Au demeurant, les deux côtés de l'assemblée se tenaient en parfait équilibre, et la majorité dépendait presque toujours des centres flottants dont les oscillations de droite à gauche et de gauche à droite renversèrent d'abord le ministère de Camphausen, ensuite celui de Auerswald et Hansemann. Mais tandis que les libéraux, ici comme partout ailleurs, laissaient ainsi échapper l'occasion, la cour réorganisait les éléments de sa puissance dans la noblesse et la partie la plus arriérée de la population rurale, aussi bien que dans l'armée et la bureaucratie. Après la chute de Hansemann il se forma un ministère de bureaucrates et d'officiers militaires, tous de fermes réactionnaires, mais qui cependant faisaient semblant de céder aux demandes du Parlement ; et l'Assemblée, adoptant le principe commode :

« Les mesures, non les hommes », se laissa duper au point d'applaudir à ce ministère sans avoir des yeux pour voir la concentration et l'organisation des forces contre-révolutionnaires qu'il poursuivait assez ouvertement. Enfin, au signal donné par la chute de Vienne, le roi congédia ses ministres et les remplaça par des « hommes d'action » sous la direction du premier ministre actuel, Manteuffel. Pour le coup la rêveuse Assemblée s'éveilla et se rendit compte du danger ; elle vota un ordre du jour de manque de confiance dans le cabinet, auquel on répondit aussitôt par un décret qui transférait l'Assemblée de Berlin, où en cas de conflit elle pouvait compter sur l'appui des masses, à Brandebourg, une petite ville provinciale qui dépendait entièrement du gouvernement. L'Assemblée déclara qu'elle ne pourrait être ajournée, déplacée ou dissoute sans son propre consentement. Entre temps, le général Wrangle entrait à Berlin à la tête d'environ 40.000 hommes de troupes. Dans une réunion des autorités municipales et des officiers de la garde nationale, on prit la résolution de ne point offrir de résistance. Et maintenant, après que l'Assemblée et ses constituants, la bourgeoisie libérale, eurent permis au parti réactionnaire coalisé d'occuper toutes les positions importantes et d'arracher de leurs mains à peu près tous les moyens de défense, commença cette grande comédie de la « résistance passive et légale »,qui dans leur pensée devait être une glorieuse imitation de l'exemple de Hampden et des premiers efforts des Américains dans la guerre de l'indépendance. Berlin fut déclaré en état de siège et Berlin se tint tranquille ; la garde nationale fut dissoute par le gouvernement et elle déposa les armes avec la plus grande ponctualité. L'Assemblée pendant une quinzaine de jours fut traquée d'un lieu de réunion à un autre et partout dispersée par le militaire ; et les membres de l'Assemblée supplièrent les citoyens de rester tranquilles. Quand, enfin, le gouvernement prononça la dissolution de l'Assemblée, celle-ci vota une résolution déclarant illégale la levée des taxes, et ses membres se mirent à parcourir le pays pour essayer d'organiser le refus des taxes. Ils s'étaient déplorablement trompés dans le choix des moyens. Au bout de quelques semaines agitées, suivies de mesures sévères de la part du gouvernement contre l'opposition, tout le monde abandonna l'idée de refuser les taxes pour complaire à une assemblée défunte, qui n'avait même pas eu le courage de se défendre.

Savoir si, au commencement de novembre 1848, il était trop tard déjà pour tenter une résistance armée, ou si, en face d'une opposition sérieuse, une partie de l'armée aurait passé du côté de l'Assemblée et eût ainsi décidé la chose en sa faveur, c'est là une question qui ne sera jamais résolue peut-être. Mais en révolution comme en guerre il faut toujours attaquer de front : qui attaque prend l'avantage, et en révolution comme en guerre il est de la dernière nécessité de tout hasarder au moment décisif, quels que soient les risques à courir. Il n'y a pas d'exemple dans l'histoire d'une révolution victorieuse qui ne démontre la vérité de ces axiomes. Or, pour la révolution prussienne le moment décisif était arrivé en novembre 1848 ; l'Assemblée officiellement à la tête de tout le mouvement révolutionnaire, loin de faire face à l'ennemi, reculait à mesure que celui-ci s'avançait ; elle attaquait bien moins encore, puisqu'elle ne se défendait même pas, et quand vint le moment critique où Wrangle, à la tête de 40,000 hommes, frappait aux portes de Berlin, au lieu de trouver, comme lui et ses officiers s'y attendaient, toutes les rues hérissées de barricades et toutes les fenêtres transformées en meurtrières, il trouvait les portes ouvertes, et, en fait d'obstruction dans les rues, rien que de paisibles bourgeois berlinois qui se gaussaient de la bonne farce qu'ils lui avaient jouée en se livrant pieds et poings liés aux soldats stupéfaits. Il est vrai que l'assemblée et le peuple, s'ils eussent résisté, auraient pu être battus ; Berlin aurait pu être bombardé et des centaines d'hommes auraient pu être tués sans empêcher la victoire finale du parti royaliste. Ce n'était pourtant pas une raison pour déposer les armes à la première attaque. Une défaite au bout d'une lutte opiniâtre vaut, pour l'importance révolutionnaire, une victoire facilement remportée. Les défaites de Paris, en juin 1848, et de Vienne, en octobre, avaient certainement plus fait pour révolutionner l'esprit du peuple de ces deux villes que les victoires de février et de mars. L'assemblée et le peuple de Berlin auraient probablement partagé le sort de ces deux villes, mais ils seraient tombés glorieusement et auraient laissé derrière eux dans l'âme des survivants une soif de revanche qui, en temps de révolution, est le plus énergique, le plus puissant aiguillon à l'action. Il va de soi que quiconque relève le gant risque d'être battu ; est-ce une raison pour qu'il s'avoue battu et se rende sans coup férir ?

Celui qui en temps de révolution commande une position décisive et la livre, au lieu de forcer l'ennemi d'en tenter l'assaut, mérite, sans exception, qu'on le traite de traître.

Le même décret du roi de Prusse qui dissolvait l'assemblée constituante, proclamait une nouvelle constitution fondée sur le projet élaboré par un comité de cette assemblée, mais qui étendait sur certains points les pouvoirs de la couronne, et sur d'autres rendait douteux ceux du parlement. Cette constitution établissait deux chambres qui devaient sous peu se réunir dans le but de la ratifier et de la reviser.

Nous avons à peine besoin de demander où était l'Assemblée nationale allemande pendant la « légale et paisible » lutte des constitutionnels prussiens. Elle était comme à l'ordinaire, à Francfort, occupée à voter des résolutions anodines contre les procédés du gouvernement prussien et à admirer « l'imposant spectacle de la résistance passive, légale et unanime de tout un peuple à la force brutale ». Le gouvernement central envoya des commissaires à Berlin pour négocier entre le ministère et l'Assemblée ; mais ils eurent le même sort que leurs prédécesseurs à Olmütz, et furent poliment éconduits. La gauche de l'Assemblée nationale, c'est-à-dire le soi-disant parti radical, envoya également ses commissaires ; mais après s'être dûment convaincus de l'extrême perplexité de l'Assemblée de Berlin et avoir avoué leur extrême perplexité propre, ils retournèrent à Francfort pour faire leur rapport et pour témoigner de la conduite admirablement calme de la population de Berlin. Bien mieux, quand Herr Bassermann, l'un des commissaires du gouvernement central, déclara que les dernières mesures si sévères des ministres prussiens étaient motivées, attendu que depuis quelque temps on voyait rôder dans les rues de Berlin nombre de personnages à la mine rébarbative, comme il en surgit toujours à la veille de mouvements monarchiques (et qui depuis ont gardé le nom de « personnages à la Bassermann »), ces dignes députés de la gauche et énergiques représentants de l'intérêt révolutionnaire crurent devoir se lever pour jurer que tel n'était pas le cas. Ainsi, en moins de deux mois la parfaite incapacité de l'Assemblée de Francfort était devenue notoire. Impossible de prouver de plus éclatante façon qu'ils étaient au-dessous de leur tâche et qu'ils n'avaient même pas la moindre notion de ce qu'était proprement cette tâche. Le fait qu'à Vienne, comme à Berlin, on décida du sort de la révolution, que dans ces deux capitales on régla les questions les plus graves, les plus vitales, sans que jamais on s'occupât le moins du monde de l'existence de l'Assemblée de Francfort, ce seul fait suffit pour démontrer que ce corps n'était qu'un simple club, composé d'un tas de dupes qui permettaient au gouvernement de se servir d'eux comme de pantins parlementaires que l'on exhibait pour amuser les boutiquiers et les petits commerçants des petits Etats et des petites villes, aussi longtemps que l'on jugeait utile de divertir ce monde. Nous verrons bientôt pour combien de temps cela fut considéré chose utile.

Un fait qui vaut d'être noté, c'est que parmi tous les hommes « éminents » de cette assemblée, il n'y en avait pas un seul qui eût le moindre soupçon du rôle qu'on leur faisait jouer et que jusqu'à l'heure présente les anciens membres du club de Francfort possèdent invariablement des organes de perception historique d'un genre tout particulier.

XIV

LA RÉACTION

LONDRES, Avril 1852.

Les premiers mois de l'année 1849 furent employés par les gouvernements de l'Autriche et de la Prusse à poursuivre les avantages obtenus en octobre et novembre 1848. Le Reichstag autrichien, depuis la prise de Vienne, n'existait plus que de nom dans une petite ville de campagne en Moravie, appelée Kremsir. Là les députés slaves, qui avec leurs constituants avaient principalement contribué à relever le gouvernement autrichien de sa prostration, furent punis de leur trahison de la révolution européenne. Le gouvernement, dès qu'il eut recouvré ses forces, traita le Reichstag avec le plus parfait mépris, et lorsque les premiers succès des armes impériales faisaient prévoir une prompte terminaison de la guerre hongroise, on fit dissoudre le Reichstag le 4 mai et disperser les députés par la force armée. Alors les Slaves reconnurent enfin qu'ils étaient joués, et ils crièrent : « Allons à Francfort et continuons là l'opposition qu'on nous empêche de faire ici ». Mais il était trop tard, et le simple fait qu'ils n'avaient d'autre alternative que de se tenir tranquilles ou d'aller rejoindre l'assemblée de Francfort, ce seul fait montre à quel point ils étaient désemparés.

Ainsi prirent fin, pour lors, et probablement pour toujours, les tentatives des Slaves d'Allemagne pour recouvrer une existence nationale indépendante. Des restes éparpillés de nombreuses nations dont la nationalité et la vitalité politique avaient été étouffées depuis longtemps et qui avaient été contraints pendant près de mille ans de marcher dans les traces d'une nation plus puissante, qui les avaient conquis ; tout comme les Gallois en Angleterre, les Basques en Espagne, les Bas Bretons en France, et plus récemment les créoles espagnols et français dans les parties de l'Amérique du Nord occupées dans les derniers temps par la race anglo-américaine, — ces nationalités mourantes, les Bohémiens, les Carinthiens, les Dalmates, etc., avaient tenté de profiter de la confusion générale de 1848 pour rétablir leur *statu quo* politique de l'an de grâce 800. L'histoire de mille ans aurait dû leur montrer qu'un pareil regrès était impossible : que si le territoire à l'Est de l'Elbe et de la Saale avait été autrefois occupé par des Slaves alliés entre eux, ce fait prouvait seulement la tendance historique, en même temps que la capacité physique et intellectuelle de la nation allemande pour soumettre, absorber et s'assimiler ses anciens voisins orientaux ; que cette tendance absorbante des Allemands avait toujours été et était encore un des plus puissants moyens de propager la civilisation de l'Europe occidentale dans l'Est de ce continent ; qu'elle ne s'arrêterait qu'alors que le procès de germanisation aurait atteint les confins de nations grandes, compactes et fermées, capables d'une existence nationale autonome, telles que les Hongrois, et jusqu'à un certain point, les Polonais ; et que par conséquent, c'était le sort naturel et inéluctable de ces nations moribondes de laisser s'accomplir ce procès de dissolution et d'absorption par des voisins plus puissants qu'elles. Sans doute, ce n'est pas là une perspective flatteuse pour l'ambition nationale des rêveurs panslavistes, qui avaient réussi à remuer une partie des Bohémiens et des Slaves du Sud ; mais peuvent-ils espérer que l'histoire rétrogradera de mille ans pour faire plaisir à quelques phtisiques groupements d'hommes, lesquels, tout le long du territoire qu'ils occupent, côtoient et se mêlent à des Allemands ; lesquels de temps presque immémorial n'ont eu d'autre langue, pour toutes les fins de la civilisation, que l'allemand, et auxquels font défaut les toutes premières conditions d'une existence nationale, à savoir, le nombre et un territoire compact ?

Aussi bien, le soulèvement panslaviste, derrière lequel, dans tous les territoires des Slaves allemands et hongrois, se dissimulait l'aspiration au rétablissement de l'indépendance de toutes ces innombrables petites nations, entrait-il partout en collision avec les mouvements révolutionnaires européens ; et les Slaves, bien qu'ils prétendissent combattre pour la liberté, se rangeaient invariablement (la fraction démocratique des Polonais excepté) du côté du despotisme et de la réaction. Ce fut le cas en Allemagne, en Hongrie, et même par-ci, par-là, en Turquie. Traîtres à la cause populaire, soutien et appui principal de la cabale du gouvernement autrichien, ils s'étaient mis hors la loi aux yeux de toutes les nations révolutionnaires. Et quoique nulle part les masses de la population, à cause de leur ignorance même, ne se fussent mêlées des mesquines querelles nationales suscitées par les chefs panslavistes, on n'oubliera jamais, cependant, qu'à Prague, une ville à demi allemande, une foule de fanatiques slaves acclamèrent et répétèrent le cri : « Plutôt le knout russe que la liberté allemande ! » Après l'avortement de leur première tentative en 1848, et après la leçon que leur a infligée le gouvernement autrichien, il n'est guère probable qu'ils tentent un nouvel effort en d'autres circonstances. Mais dans le cas où ils essayeraient encore une fois, sous des prétextes semblables, de lier partie avec les forces contre-révolutionnaires, le devoir de l'Allemagne est tout indiqué. Nulle nation en état de révolution, et engagée dans une guerre externe, ne saurait tolérer une Vendée au cœur même du pays.

Pour ce qui est de la constitution proclamée par l'empereur en même temps que la dissolution du Reichstag, il est inutile d'y revenir, puisque pratiquement elle n'a jamais existé, et qu'à l'heure présente elle est abolie tout à fait. Dès le 4 mars 1849, l'absolutisme a été rétabli de fait en Autriche. En Prusse les

Chambres se réunirent au mois de février pour ratifier et reviser la nouvelle charte octroyée par le roi. Elles siégèrent pendant six semaines environ, se montrant assez humbles et dociles à l'égard du gouvernement, sinon tout à fait disposées à aller aussi loin que le roi et les ministres l'eussent désiré. Aussi à la première occasion favorable furent-elles dissoutes.

Pour l'instant, l'Autriche et l'Allemagne étaient donc débarrassées du contrôle parlementaire. Désormais les gouvernements concentraient tout le pouvoir dans leurs mains et pouvaient l'exercer au gré de leurs besoins, l'Autriche en Hongrie et en Italie, la Prusse en Allemagne. Car la Prusse aussi se préparait à une campagne qui devait rétablir l'« ordre » dans les petits Etats.

La contre-révolution ayant triomphé dans les deux grands centres d'action d'Allemagne — à Vienne et à Berlin — la lutte ne restait indécise que dans les Etats secondaires, bien que là aussi la balance penchât de plus en plus du côté de la réaction. Ces Etats, nous l'avons dit, trouvèrent un centre commun dans l'Assemblée nationale de Francfort. Or cette soi-disant Assemblée nationale, dont l'esprit réactionnaire s'était depuis longtemps manifesté si ouvertement que le peuple de

Francfort lui-même s'était insurgé contre elle, avait cependant eu une origine plus ou moins révolutionnaire; elle occupait, en janvier, une position révolutionnaire anormale ; sa compétence n'avait jamais été bien déterminée, mais elle avait finalement pris la décision — jamais reconnue, il est vrai, par les grands Etats — que ses résolutions auraient force de loi. Dans ces circonstances et alors que le parti monarchiste constitutionnel vit sa position changer de face par le relèvement des absolutistes, quoi d'étonnant que la bourgeoisie libérale, monarchiste, de l'Allemagne presque tout entière ait mis son dernier espoir dans la majorité de cette assemblée, tandis que la petite bourgeoisie, le noyau du parti démocratique, se serrait dans sa détresse grandissante autour de la minorité de ce même corps qui effectivement formait la dernière phalange parlementaire compacte de la démocratie. D'un autre côté, les grands gouvernements et, en particulier, le ministère prussien, comprirent toujours davantage l'incompatibilité d'un pareil corps électif irrégulier avec le système monarchique de l'Allemagne rétabli ; et s'ils n'en exigèrent pas la dissolution immédiate, c'était uniquement parce que l'heure n'était pas encore venue, et que la Prusse espérait s'en servir, au préalable, pour l'avancement de ses propres desseins ambitieux.

En attendant, cette pauvre assemblée tombait toujours davantage en proie à la confusion. A Vienne et à Berlin on avait traité ses députations avec le plus profond mépris ; un de ses membres, malgré son inviolabilité, avait été exécuté à Vienne comme un rebelle ordinaire. Nulle part on ne s'inquiétait plus de ses décrets ; quand, par aventure, il arrivait aux grandes puissances de s'en occuper, c'était pour lui adresser des notes et des protestations qui contestaient l'autorité de l'assemblée pour voter des lois et des résolutions liant leurs gouvernements. Le pouvoir exécutif central de l'assemblée était impliqué dans des querelles diplomatiques avec à peu près tous les cabinets d'Allemagne, et malgré tous leurs efforts, ni l'assemblée, ni le gouvernement central ne purent obtenir de l'Autriche et de la Prusse qu'elles exposassent leurs vues, projets et réclamations définitifs. L'assemblée, enfin, commençait à comprendre au moins ceci : qu'elle avait laissé échapper de ses mains tout pouvoir, qu'elle était à la merci de l'Autriche et de la Prusse, et que si elle devait doter l'Allemagne d'une constitution fédérale, il lui faudrait se mettre à l'œuvre sur l'heure, et sérieusement. Et bon nombre de ses membres ondoyants s'apercevaient aussi qu'ils avaient été grossièrement trompés par les gouvernements. Mais que pouvaient-ils, dans leur impuissance, faire maintenant? La seule chose qui aurait pu les sauver, c'eût été de passer résolument et promptement dans le camp du peuple, et le succès même de ce pas était plus que douteux. Et où, dans cette foule égarée d'individus irrésolus, bornés et vaniteux qui, tandis que l'incessant va-et-vient de rumeurs contradictoires et de notes diplomatiques les avait complètement ahuris, cherchèrent leur unique consolation et refuge dans l'assurance éternellement renouvelée que c'étaient eux les meilleurs, les plus grands, les plus sages de la nation et qu'eux seuls étaient capables de sauver l'Allemagne — où, parmi ces pauvres hères, qu'une seule année de vie parlementaire avait transformés en parfaits crétins, où étaient, demandons-nous, les hommes capables d'une résolution prompte et décisive, sans parler d'une action énergique et logique ?

Enfin le gouvernement autrichien jeta le masque. Dans sa constitution du 4 mars, il proclama l'Autriche une monarchie indivisible, avec des finances, un système de droits douaniers et une institution militaire communs, écartant par là toute barrière et toute distinction entre les provinces allemandes et non-allemandes. Cette déclaration fut faite contrairement aux résolutions et articles de la constitution fédérale projetée que déjà l'Assemblée de Francfort avait adoptée. L'Autriche lui avait jeté le gant et la pauvre assemblée n'avait pas d'autre choix que de le relever. Elle le fit avec accompagnement de fanfaronnades que l'Autriche, consciente de sa force et du parfait néant de l'assemblée, pouvait bien laisser passer. Et cette représentation du peuple allemand, comme elle s'intitulait, dans le but de se venger de cette insulte de l'Autriche, ne trouva rien de mieux que de se jeter pieds et poings liés aux genoux du gouvernement prussien. Quelque incroyable que cela paraisse, elle plia l'échine devant les ministres précisément qu'elle avait flétris comme inconstitutionnels et impopulaires et desquels elle avait vainement exigé le renvoi.

Les détails de cette honteuse transaction et les événements tragi-comiques qui suivirent feront l'objet de notre prochain article.

XV

LE TRIOMPHE DE LA PRUSSE

LONDRES, Juillet 1852.

Nous voici parvenu au dernier chapitre de l'histoire de la révolution allemande ; au conflit de l'Assemblée nationale avec les gouvernements des différents Etats, notamment de la Prusse ; à l'insurrection du midi et de l'ouest de l'Allemagne et sa défaite finale par la Prusse.

Nous avons vu l'assemblée de Francfort à l'œuvre. Nous l'avons vue traitée à coups de pieds par l'Autriche, insultée par la Prusse, désobéie par les petits Etats, dupée par son propre infirme « gouvernement » central qui, à son tour, fut la dupe de tous les princes du pays sans exception. Enfin les choses devenaient menaçantes pour ce corps législatif si faible, vacillant et insipide. Il dut arriver à cette conclusion : que « la réalisation de la sublime idée de l'unité allemande était menacée » ; ce qui revenait à dire que l'assemblée de Francfort et tout ce qu'elle avait fait et comptait faire s'en irait probablement en fumée. C'est pourquoi elle se mit sérieusement à l'ouvrage, afin de produire le plus tôt possible sa grande œuvre : la « constitution impériale ». Il y avait pourtant une difficulté. Quel genre de gouvernement exécutif convenait-il d'avoir ? Un conseil exécutif ? Non pas : c'eût été, pensèrent-ils dans leur haute sagesse, faire de l'Allemagne une république. Un président? Cela reviendrait au même. Il fallait faire revivre l'ancienne dignité impériale. Mais, comme l'empereur devait naturellement être un prince : quel prince ? A coup sûr aucun des *Dei minorum gentium* de Reuss-Schleitz-Greitz - Lobenstein - Ebersdorf jusqu'à la Bavière : ni l'Autriche, ni la Prusse n'eussent jamais toléré cela. Ce ne pouvait être que l'Autriche ou la Prusse. Mais laquelle des deux ? Sans doute, si les circonstances eussent été plus favorables, l'auguste assemblée siégerait encore à l'heure actuelle occupée à discuter cette grave question, sans jamais aboutir à une conclusion, si l'Autriche en tranchant le nœud gordien ne leur en eût épargné la peine.

L'Autriche savait fort bien que, du moment qu'elle apparaîtrait de nouveau devant l'Europe comme une grande et forte puissance européenne, ayant dompté toutes ses provinces, la loi même de la gravité politique attirerait le reste de l'Allemagne dans son orbite, sans qu'il fût besoin de l'autorité que lui donnerait une couronne conférée par l'Assemblée de Francfort. L'Autriche était bien plus forte, bien plus libre dans ses mouvements depuis qu'elle s'était débarrassée de la fragile couronne qui gênait sa politique indépendante, sans ajouter un iota à ses forces au dedans comme au dehors de l'Allemagne. Et à supposer que l'Autriche serait incapable de maintenir sa position en Italie et en Hongrie, en ce cas elle serait dissoute et anéantie aussi en Allemagne et ne pourrait jamais prétendre à ressaisir une couronne qu'elle avait laissé lui échapper alors qu'elle était en pleine possession de toute sa force. L'Autriche se prononça donc, sans ambages, contre les résurrections impérialistes, et demanda carrément la restauration de la Diète allemande, le seul gouvernement central d'Allemagne que connaissaient et reconnaissaient les traités de 1815 ; et le 4 mars 1849 elle octroya la constitution qui n'avait d'autre signification que de déclarer l'Autriche une monarchie indivisible, centralisée et indépendante, distincte même de cette Allemagne que l'Assemblée de Francfort devait réorganiser.

De fait, cette déclaration ouverte de guerre ne laissait pas d'autre choix aux savantasses de Francfort que d'exclure l'Autriche de l'Allemagne et de créer avec le reste de ce pays une espèce de Bas-Empire, une « petite Allemagne », dont le manteau impérial, tant soit peu rapé, devait tomber sur les épaules de Sa Majesté de Prusse. C'était là, on se rappellera, la reprise d'un vieux projet, qu'avaient imaginé, il y avait 6 ou 8 ans de cela, des doctrinaires libéraux allemands du midi et du centre, qui considéraient comme une aubaine les circonstances déshonorantes grâce auxquelles leur vieille marotte fut encore une fois prônée comme le dernier « nouveau jeu » pour le salut de la patrie.

En février et mars l'Assemblée en était venue à bout des débats sur la constitution impériale ainsi que de la déclaration des droits et de la loi électorale impériale; non sans avoir été contrainte de faire, en nombre de points, les concessions les plus contradictoires, tantôt au parti conservateur ou plutôt réactionnaire, tantôt aux fractions plus avancées de l'Assemblée. Il était évident que la direction de l'Assemblée de Francfort qui avait appartenu naguère à la droite et au centre droit (les conservateurs et les réactionnaires) passait graduellement entre les mains de la gauche ou du parti démocratique de la Chambre. La position plutôt ambiguë des députés autrichiens dans une assemblée qui avait exclu leur pays de l'Allemagne, et dans laquelle ils devaient néanmoins siéger et voter, favorisait cette rupture d'équilibre ; c'est ainsi que dès la fin février le centre gauche et la gauche, grâce à l'appui des votes autrichiens, se trouvaient généralement en majorité, tandis qu'il y avait des jours où la fraction conservatrice des Autrichiens, tout à coup et pour le plaisant de la chose, votait avec la droite et alors faisait pencher la balance du côté opposé. Le but qu'ils se proposaient par ces soubresauts était de déconsidérer l'Assemblée, chose parfaitement inutile, vu que la masse du peuple était depuis longtemps fixée sur l'ineptie et la futilité de tout ce qui venait de Francfort. On se figure aisément quel genre de constitution devait s'élaborer au milieu de pareils sauts et bonds.

La gauche de l'Assemblée — l'élite et l'orgueil de l'Allemagne révolutionnaire qu'elle croyait être — était complètement grisée par les quelques piètres succès qu'elle avait remportés grâce au bon vouloir ou plutôt au mauvais vouloir de certains politiciens autrichiens agissant à l'instigation et dans l'intérêt du despotisme autrichien. Toutes les fois que leurs propres principes, d'ailleurs peu précis, avaient approximativement et sous une forme homéopathiquement diluée, obtenu une sorte de sanction de l'Assemblée de Francfort, ces démocrates de proclamer qu'ils avaient sauvé le pays et le peuple.

Ces pauvres d'esprit, au cours de leur existence généralement obscure, avaient été si peu habitués à tout ce qui ressemble au succès, qu'ils croyaient positivement que leurs petits amendements, passés à quelques voix de majorité, changeraient la face de l'Europe. Dès le début de leur carrière législative ils avaient été plus profondément atteints que les autres fractions de l'Assemblée par cette maladie incurable : le crétinisme parlementaire, maladie qui fait pénétrer dans ses infortunes victimes la conviction solennelle que le monde entier, son histoire et son avenir, est gouverné et déterminé par une majorité de votes dans le corps représentatif particulier qui a l'honneur de les compter parmi ses membres : et que tout ce qui se passe au dehors des murs de leur Chambre — guerres, révolutions, constructions de chemins de fer, découvertes de mines d'or californiennes, canaux de l'Amérique centrale, armées russes et autres choses semblables ayant quelques prétentions à exercer de l'influence sur les destinées de l'humanité — n'est rien, comparé aux événements incommensurables pivotant sur l'importante question, quelle qu'elle soit, qui en ce moment précis occupe l'attention de la haute Assemblée. Le parti démocratique de l'assemblée, ayant réussi à introduire en contrebande quelques-unes de ces panacées dans la constitution impériale, était désormais obligé de la soutenir, bien que pour tous les points essentiels elle se trouvât en contradiction flagrante avec ses propres principes, proclamés à maintes reprises ; et quand, à la fin, ce produit bâtard fut abandonné par ses principaux auteurs et légué au parti démocratique, celui-ci accepta l'héritage et lutta pour cette constitution *monarchique* contre tous ceux mêmes qui maintenant proclamaient ses propres principes *républicains*. Toutefois, il n'y avait là, il faut en convenir, qu'une contradiction apparente. Le caractère flottant, contradictoire, incomplet de la constitution impériale, était la parfaite image des idées politiques confuses, contradictoires et embryonnaires de Messieurs les démocrates. Et si leurs propres paroles et écrits — pour autant qu'ils savaient écrire — n'en fournissaient pas une preuve suffisante, leurs actions la fourniraient ; car il est bien entendu qu'on doit juger un homme non sur ses prétentions, mais sur ses actions, non sur ce qu'il prétend être, mais sur ce qu'il est et fait réellement ; or, les actions de ces héros de la démocratie allemande parlent assez haut par elles-mêmes, comme nous le verrons par la suite. Cependant la constitution impériale avec tout son attirail et ses accessoires fut définitivement votée, et le 28 mars le roi de Prusse, par 290 votes, contre 248 abstentions et 200 absents, fut élu empereur d'Allemagne, *minus* l'Autriche. L'ironie historique était complète ; la farce impériale jouée dans les rues de Berlin stupéfait, trois jours après la révolution du 18 mars 1898, par Frédéric-Guillaume IV, dans un état qui partout ailleurs l'aurait fait tomber sous le coup de la loi contre l'ivrognerie — cette dégoutante farce fut sanctionnée exactement un an après par la prétendue assemblée représentative de toute l'Allemagne.

C'était donc là le résultat de la révolution allemande.

XVI

L'ASSEMBLÉE NATIONALE ET LES GOUVERNEMENTS

LONDRES, Juillet 1852.

L'assemblée nationale de Francfort, après qu'elle eut élu le roi de Prusse empereur d'Allemagne (*minus* l'Autriche), envoya une députation à Berlin pour lui offrir la couronne et puis s'ajourna. Le 30 avril, Frédéric-Guillaume reçut les députés. Il leur déclara que quoiqu'il acceptât le droit de préséance sur tous les autres princes d'Allemagne, concédé par le vote des représentants du peuple, il ne pouvait accepter la couronne impériale sans être sûr que les autres princes reconnaîtraient sa suprématie, ainsi que la constitution qui lui avait conféré ses droits. Ce serait aux gouvernements, ajouta-t-il, de voir s'ils pouvaient ratifier cette constitution. En tout cas, conclua-t-il, empereur ou non, on le trouvevait toujours prêt à tirer l'épée contre l'ennemi du dedans ou du dehors. Nous verrons qu'il tint cette promesse d'une façon assez déconcertante pour l'Assemblée nationale.

Les Salomons de Francfort, après une profonde enquête diplomatique, arrivèrent à la conclusion que cette réponse équivalait à un refus. Ils votèrent alors (le 12 avril) la résolution : que la constitution impériale était la loi du pays et devait être maintenue, et dans leur embarras, ils élurent un comité de 30 membres, chargés de faire des propositions sur les moyens de la mise en vigueur de la constitution.

Cette résolution donna le signal du conflit entre l'Assemblée de Francfort et les gouvernements allemands qui, dès lors, éclata. La bourgeoisie, et spécialement la petite bourgeoisie, s'étaient soudain déclarées pour la nouvelle constitution de Francfort. Elles ne pouvaient attendre le moment qui devait « clore la révolution ». En Autriche et en Prusse la révolution avait été arrêtée pour l'heure par l'intervention de la force armée. Les classes sus-dites auraient préféré une manière moins violente de pratiquer cette opération, mais elles n'avaient pas eu de choix; la chose était faite et il fallait en prendre son parti, ce qu'elles résolurent de faire et ce qu'elles firent le plus héroïquement du monde. Dans les Etats secondaires, où tout s'était relativement bien passé, la bourgeoisie s'était depuis longtemps vue replongée dans cette agitation parlementaire bruyante et stérile, qui répondait le mieux à ses goûts. Les différents Etats d'Allemagne, considérés séparément, paraissaient ainsi avoir atteint la forme nouvelle et définitive, laquelle, on le croyait, leur permettrait désormais d'entrer dans la voie d'un développement constitutionnel paisible. Une seule question restait ouverte : celle de la nouvelle organisation de la confédération allemande. Cette question, la seule qui paraissait encore grosse de danger, on trouva nécessaire de la résoudre sans retard. D'où la pression exercée sur l'assemblée de Francfort par la bourgeoisie, pour l'inciter à apprêter la constitution le plus vite possible, d'où la résolution de la haute et moyenne bourgeoisie d'accepter et de soutenir cette constitution quelle qu'elle fût, afin d'établir sans tarder un état de choses stable. L'agitation pour la constitution impériale provenait donc, dès le principe, d'un sentiment réactionnaire, et se manifestait dans les classes qui depuis longtemps étaient excédées de la révolution.

Un autre point encore est à noter. Les premiers principes fondamentaux de la constitution allemande future avaient été votés pendant les premiers mois du printemps et de l'été 1848, à une époque où l'agitation populaire persistait encore. Les résolutions votées, bien que entièrement réactionnaires *alors*, paraissaient maintenant, après les actes arbitraires des gouvernements autrichiens et prussiens, extrêmement libérales et même démocratiques. L'étalon de comparaison n'était plus le même. L'assemblée de Francfort ne pouvait, sans se suicider moralement, éliminer ces dispositions une fois votées, et modeler la constitution impériale sur celles que les gouvernements autrichiens et prussiens avaient dictées, l'épée à la main. En outre, nous l'avons vu, la majorité dans l'assemblée s'était déplacée et l'influence du parti libéral et démocratique grandissait. Ainsi la constitution impériale ne se distinguait pas seulement par son origine d'apparence presque exclusivement populaire ; elle était aussi, pour pleine qu'elle fût de contradiction, la constitution la plus libérale de toute l'Allemagne. Son plus grand défaut, c'était de n'être qu'une simple feuille de papier sans pouvoir aucun pour faire valoir ses dispositions.

Dans ces conditions il était naturel que le soi-disant parti démocratique, c'est-à-dire la masse des petits commerçants, s'accrochât à la constitution impériale. Cette classe avait toujours été plus radicale dans ses réclamations que la bourgeoisie libérale-monarchico-constitutionnelle ; elle avait eu des allures plus hardies, elle avait maintes fois fait la menace d'une résistance armée et prodigué les promesses de donner son sang et sa vie dans la lutte pour la liberté ; mais elle avait déjà fourni des preuves sans nombre qu'elle était introuvable le jour du danger ; et, de fait, elle ne respirait jamais plus à l'aise que le lendemain d'une défaite décisive, alors que tout étant perdu, elle avait du moins la consolation de savoir que d'une façon ou d'une autre les choses étaient réglées. Tandis que l'adhésion des grands banquiers, des manufacturiers, des marchands, était plus réservée, et plutôt une simple manifestation en faveur de la constitution de Francfort, la classe immédiatement au-dessous d'eux, nos vaillants épiciers démocratiques faisaient les braves, et juraient, comme d'habitude, qu'ils verseraient la dernière goutte de leur sang plutôt que de laisser tomber à terre la constitution.

Soutenue par ces deux partis, les partisans

bourgeois de la royauté constitutionnelle et la petite bourgeoisie, plus ou moins démocratique, l'agitation pour la mise à exécution immédiate de la constitution impériale gagna rapidement du terrain, et trouva sa plus puissante expression dans les parlements des divers Etats. Les chambres de la Prusse, du Hanovre, de la Saxe, de Bade, de Wurtemberg, se prononcèrent en sa faveur. La lutte entre les gouvernements et l'Assemblée de Francfort prit un caractère menaçant.

Le gouvernement cependant agissait avec promptitude. Les chambres prussiennes furent dissoutes, de manière anti-constitutionnelle, puisqu'elles avaient à reviser et à confirmer la constitution ; des émeutes éclatèrent à Berlin, provoquées exprès par le gouvernement, et le lendemain, le 28 avril, le ministère prussien publia une note circulaire dans laquelle la constitution impériale était dénoncée comme un document des plus anarchiques et révolutionnaires, qu'il incombait aux gouvernements d'Allemagne de remodeler et d'épurer. La Prusse reniait donc carrément ce pouvoir constituant souverain dont les sages de Francfort s'étaient toujours targués, mais qu'ils n'avaient jamais établi. Un congrès de princes, un renouvellement de l'ancienne Diète fédérale, fut convoqué pour statuer sur cette constitution qui déjà avait été promulguée. Et au même moment la Prusse concentrait des troupes à Kreuznach, à 3 jours de marche de Francfort et invitait les petits Etats à suivre son exemple et à dissoudre leurs chambres, aussitôt que celles-ci auraient donné leur adhésion à l'Assemblée de Francfort. Cet exemple fut rapidement suivi par le Hanovre et la Saxe.

Il était clair qu'une décision de la lutte par la force des armes ne pouvait être évitée. L'hostilité des gouvernements, l'agitation dans le peuple se manifestaient tous les jours plus intenses. Le militaire était partout travaillé par les citoyens démocrates, et dans le Sud de l'Allemagne avec grand succès. Partout se tenaient de grandes réunions des masses populaires qui votèrent des résolutions de soutenir à main armée, s'il était besoin, la constitution impériale et l'Assemblée nationale. A Cologne une réunion de députés de tous les conseils municipaux de la Prusse rhénane eut lieu dans le même but. Dans le Palatinat, à Bergen, Fulda, Nuremberg, dans le Odenwald, les paysans s'assemblèrent par milliers et s'exaltèrent jusqu'à l'enthousiasme. L'Assemblée constituante de la France se séparait à la même heure et les nouvelles élections se préparaient au milieu de la plus grande agitation, tandis que sur la frontière est de l'Allemagne, les Hongrois, en moins d'un mois, par une série de brillantes victoires, avaient refoulé le torrent de l'invasion autrichienne du Theiss jusqu'à la Leitha et que l'on s'attendait de jour en jour à les voir prendre Vienne d'assaut. Partout l'imagination populaire étant ainsi montée au plus haut degré et la politique aggressive des gouvernements se dessinant tous les jours plus nettement, une collision violente devenait inévitable, et seule l'imbécillité couarde pouvait se persuader que la lutte aurait un dénouement pacifique. Or cette couarde imbécillité était largement représentée dans l'Assemblée de Francfort.

XVII

INSURRECTION

LONDRES, Août 1852.

L'inévitable conflit entre l'Assemblée nationale de Francfort et les gouvernements des États allemands éclata enfin en hostilités ouvertes pendant les premiers jours de mai 1849. Les députés autrichiens, rappelés par leurs gouvernements, avaient déjà quitté l'Assemblée et s'en étaient retournés chez eux, sauf quelques membres de la gauche ou parti démocratique. La majorité des membres conservateurs, au courant de la tournure que prenaient les choses, se retirèrent avant même que leurs gouvernements respectifs leur en eussent donné l'ordre. Indépendamment même des causes exposées dans les précédents articles, qui grandissaient l'influence de la gauche, il suffisait que les membres de la droite eussent déserté leurs postes pour que l'ancienne minorité se transformât en majorité de l'Assemblée. La nouvelle majorité qui n'avait jamais, à aucun moment, rêvé un bonheur pareil, avait profité de ses sièges sur les bancs de l'opposition pour déclamer contre la faiblesse, l'indécision, l'indolence de l'ancienne majorité et de son vicaire impérial. Et maintenant, c'était *elle*, la gauche, qui tout à coup se trouvait appelée à remplacer cette ancienne majorité. C'était à *elle* maintenant de montrer ce dont elle était capable. *Son* régime, cela allait sans dire, serait un régime énergique, actif, résolu. *Elle*, l'*élite* de l'Allemagne, réussirait promptement à faire marcher le sénile vicaire et ses ministres vacillants ; au cas où elle n'y réussirait pas, elle renverserait — il n'y avait pas à en douter — cet impuissant gouvernement, au nom du droit souverain du peuple, et le remplacerait par un pouvoir exécutif énergique, infatigable, qui assurerait le salut de l'Allemagne. Pauvres sires ! *Leur* gouvernement — si l'on peut parler de gouvernement là où personne n'obéissait — c'était une chose plus ridicule encore que même celui de leurs prédécesseurs.

La nouvelle majorité déclara que malgré

tous les obstacles il fallait immédiatement appliquer la nouvelle constitution ; que le 15 juillet suivant le peuple devait élire les députés au nouveau Parlement et que celui-ci se réunirait à Francfort, le 15 août. Or c'était là une déclaration de guerre ouverte à tous les gouvernements qui n'avaient pas reconnu la constitution impériale, au premier rang desquels étaient la Prusse, l'Autriche, la Bavière, comprenant plus que les trois quarts de la population allemande, déclaration de guerre qu'ils s'empressèrent d'accepter. La Prusse et la Bavière, à leur tour, rappelèrent les députés qui les représentaient à Franfort, et hâtèrent les préparatifs militaires contre l'Assemblée nationale. D'un autre côté les manifestations du parti démocratique (hors du parlement) en faveur de la constitution impériale et de l'Assemblée nationale se faisaient plus turbulentes, plus violentes ; et la masse des travailleurs, dirigée par les hommes du parti le plus extrême, était prête à prendre les armes dans une cause qui, si elle n'était pas la leur, leur donnait du moins une chance d'approcher de leurs buts en débarrassant l'Allemagne des anciennes entraves monarchiques. Partout peuple et gouvernement étaient à couteau tiré ; l'explosion était fatale ; la mine était chargée ; il ne fallait qu'une étincelle pour la faire sauter. La dissolution du parlement en Saxe, l'appel de la *Landwehr* (la réserve militaire) en Prusse, la résistance ouverte du gouvernement à la constitution impériale, étaient de ces étincelles ; elles tombèrent ; et soudain le pays fut embrasé. A Dresde, le 4 mai, le peuple victorieux s'empara de la ville et en chassa le roi, pendant que tous les districts d'alentour envoyèrent des renforts aux insurgés. Dans la Prusse rhénane et en Westphalie, la *Landwehr* refusa de marcher, prit d'assaut les arsenaux et s'arma pour la défense de la constitution impériale. Dans le Palatinat le peuple empoigna les fonctionnaires du gouvernement bavarois, saisit les caisses publiques, et installa un Comité de Défense qui plaçait la province sous la protection de l'Assemblée nationale. A Wurtemberg le peuple força le roi à reconnaître la constitution impériale et à Bade l'armée jointe au peuple contraignit le Grand Duc à prendre la fuite et établit un gouvernement provisoire. Sur d'autres points de l'Allemagne, le peuple n'attendait qu'un signal décisif de l'Assemblée pour se lever les armes à la main et se mettre à sa disposition.

La position de l'Assemblée nationale était bien plus favorable qu'on ne devait s'y attendre après sa carrière ignominieuse. La moitié ouest de l'Allemagne avait pris les armes pour sa défense ; l'armée était partout hésitante ; dans les petits États elle inclinait incontestablement vers le mouvement : l'Autriche était paralysée par la marche victorieuse des Hongrois, et la Russie, cette réserve du gouvernement allemand, rassemblait toutes ses forces pour soutenir les Autrichiens contre les troupes Magyares. Il ne s'agissait que de soumettre la Prusse, et vu les sympathies révolutionnaires qui existaient en ce pays, il y avait assurément des chances pour atteindre ce but. Tout dépendait donc de l'attitude de l'Assemblée.

Or, l'insurrection est un art au même titre que la guerre ou n'importe quel autre art et soumis à de certaines règles dont la négligence entraîne la ruine du parti qui s'en rend coupable. Ces règles, qui sont des déductions de la nature des partis et des circonstances avec lesquels on a à compter en pareil cas, sont tellement claires et simples que la courte expérience de 1848 suffisait pour les apprendre aux Allemands. Premièrement, ne jouez jamais avec l'insurrection si vous n'êtes pas décidé à affronter toutes les conséquences de votre jeu. L'insurrection est un calcul avec des grandeurs inconnues dont la valeur peut varier tous les jours ; les forces que vous combattez ont sur vous l'avantage de l'organisation, de la discipline et de l'autorité traditionnelle ; si vous ne pouvez leur opposer des forces supérieures, vous êtes battu, vous êtes perdu. Deuxièmement, une fois entré dans la carrière révolutionnaire, agissez avec la plus grande détermination et prenez l'offfensive. La défensive est la mort de tout soulèvement armé ; il est ruiné avant de s'être mesuré avec l'ennemi. Attaquez vos ennemis à l'improviste, pendant que leurs troupes sont éparpillées ; faites en sorte de remporter tous les jours de nouveaux succès, si petits soient-ils ; maintenez l'ascendant moral que vous aura valu le premier soulèvement victorieux ; ralliez autour de vous les éléments flottants qui toujours suivent l'impulsion la plus forte et se rangent toujours du côté le plus sûr ; forcez vos ennemis à battre en retraite avant qu'ils aient pu réunir leurs forces contre vous ; suivant le mot de Danton, le plus grand maître en tactique révolutionnaire connu jusqu'ici : *de l'audace, de l'audace, encore de l'audace !*

Que devait faire alors l'Assemblée de Francfort pour échapper à la ruine certaine qui la menaçait ? Avant tout, voir clair dans la situation et se persuader qu'il n'y avait plus que deux partis qui lui fussent ouverts : ou de se soumettre sans condition au gouvernement, ou de prendre fait et cause pour l'insurrection armée, sans réserve et sans hésitation. Ensuite, reconnaître publiquement tous les soulèvements qui avaient déjà éclaté et engager partout le peuple à prendre les armes pour la défense de la Représentation nationale, déclarant hors la loi tous les princes, ministres et autres, qui oseraient s'opposer au peuple souverain représenté par ses mandataires. En dernier lieu, déposer immédiatement le vicaire impérial allemand, créer un pouvoir exécutif fort, actif et sans scrupules, appeler des troupes insurgées à Francfort, fournissant ainsi un prétexte légal pour l'extension de l'insurrection, organiser en un corps compact toutes les forces dont elle disposait, en un mot, profiter vivement et sans hésiter de tous les moyens à son service pour fortifier sa position et endommager celle de ses ennemis.

De tout cela les vertueux démocrates de l'Assemblée de Francfort firent tout juste le contraire. Non contents de laisser les choses aller comme elles voulaient, ces dignitaires allèrent jusqu'à supprimer par leur oppositiontous les mouvements insurrectionnels qui se préparaient. C'est ce que fit, par exemple, M. Karl Vogt à Nuremberg. Ils laissèrent supprimer les insurrections de la Saxe, de la Prusse rhénane et de la Westphalie, sans autrement leur venir en aide que par une protestation sentimentale posthume contre la brutale violence du gouvernement prussien. Ils entretenaient des rapports diplomatiques secrets avec les insurrections dans le midi de l'Allemagne, mais se gardèrent bien de leur donner l'appui d'une reconnaissance ouverte. Ils savaient que le vicaire était partisan des gouvernements et néanmoins ils s'adressèrent à *lui*, qui ne bougeait pas, pour contrecarrer les intrigues de ces gouvernements. Les ministres de l'empire, de vieux conservateurs, ne manquaient pas, dans chaque séance, de tourner en ridicule cette Assemblée impuissante, et elle les laissait faire. Et quand Wilhelm Wolff (4), un député silésien, et l'un des rédacteurs de la *Neue Rheinische Zeitung*, les somma de mettre hors la loi le vicaire de l'empire, lequel, disait-il avec juste raison, était le premier et le plus grand traître envers l'empire, il fut hué par l'unanime et vertueuse indignation de ces démocrates révolutionnaires. Bref, ils continuèrent de parler, protester et proclamer, sans jamais trouver ni le courage, ni l'esprit d'agir, pendant que les troupes hostiles des gouvernements s'avançaient toujours et que leur propre pouvoir exécutif, le vicaire de l'empire, complotait activement avec les princes allemands leur perte prochaine. C'est ainsi que cette méprisable Assemblée tomba définitivement dans le discrédit : les insurgés qui s'étaient levés pour la défendre cessèrent désormais de s'intéresser à elle et quand plus tard elle eut, comme nous le verrons, une fin ignominieuse, elle mourut sans que personne se souciât de sa disparition sans honneur.

XVIII

PETITS BOURGEOIS

LONDRES, (sans date.)

Dans notre dernier article nous avons montré que la lutte entre les gouvernements allemands d'un côté et le Parlement de Francfort de l'autre avait atteint un tel degré de violence que dans les premiers jours de mai une grande partie de l'Allemagne éclata en insurrection ouverte ; d'abord Dresde, puis le Palatinat de la Bavière, une partie de la Prusse rhénane, et enfin Bade.

Et partout les *vrais combattants* parmi les insurgés, ceux qui dès l'abord prirent les armes et livrèrent bataille aux troupes, se composaient de la *classe ouvrière* des villes. Une portion de la population pauvre des campagnes, les laboureurs et petits fermiers, s'unirent à eux, en règle générale, après l'explosion du conflit. La majorité des jeunes gens de toutes les classes au-dessous de la classe capitaliste se trouvait, pour un temps du moins, dans les rangs des armées insurrectionnelles, mais cet assemblage tant soit peu mêlé de jeunes gens s'éclaircissait rapidement au fur et à mesure que les événements prenaient une tournure un peu plus sérieuse. Les étudiants notamment, ces « représentants de l'intelligence », comme ils aimaient à s'appeler, furent les premiers à abandonner leurs drapeaux, à moins qu'ils ne fussent retenus par la promotion au grade d'officier, pour lequel, comme de juste, ils ne possédaient, le plus souvent, aucune des qualités requises.

La classe ouvrière prit part à cette insurrection, comme elle l'eût fait à toute autre qui eût promis ou d'écarter quelque obstacle dans son acheminement vers le pouvoir politique et la révolution sociale, ou du moins de pousser les classes de la société les plus influentes, mais les moins courageuses, dans une voie plus résolue et plus révolutionnaire que celle qu'elles avaient suivie jusqu'alors. En prenant les armes, la classe ouvrière se rendait parfaitement compte que cette lutte n'était pas directement la sienne, mais elle suivit la tactique, seule bonne pour elle, de ne permettre à aucune classe qui s'était élevée sur ses épaules (comme la bourgeoisie l'avait fait en 1848) de consolider sa domination de classe, sans ouvrir tout au moins un large champ à la classe ouvrière où il lui fut possible de lutter pour ses propres intérêts ; et, dans tous les cas, de provoquer une crise qui, ou bien lancerait la nation pleinement et irrésistiblement dans une carrière révolutionnaire, ou bien rétablirait autant que possible le *statu quo* d'avant la république et par là rendrait inévitable une nouvelle révolution. Dans les deux cas la classe ouvrière représentait les intérêts véritables et bien compris de la nation tout entière, en hâtant autant que possible ce mouvement révolutionnaire, qui pour les vieilles sociétés de l'Europe civilisée est devenue désormais une nécessité historique avant qu'aucune d'elles pourra de nouveau aspirer à un développement plus tranquille et plus régulier de ses ressources.

Quant aux hommes de la campagne qui se joignirent à l'insurrection, ils furent jetés principalement dans les bras du parti révolutionnaire, d'une part par le poids relativement énorme des impôts, d'autre part par les servitudes féodales qui pesaient sur eux. Sans initiative propre, ils formèrent la queue des autres classes engagées dans l'insurrection, flottant entre les ouvriers d'un côté et la classe des petits commerçants de l'autre. Presque toujours c'était la position sociale de l'individu qui décidait du côté où il se rangeait ; l'ouvrier agricole, en général, soutenait l'artisan de la ville, le petit fermier était enclin à marcher la main dans la main avec le petit boutiquier.

Cette classe de petits commerçants, dont à différentes reprises nous avons fait remarquer l'influence et l'importance, peut être considérée comme la classe dirigeante de l'insurrection de mai 1849. Comme cette fois aucune des grandes villes d'Allemagne ne faisait partie des centres du mouvement, la classe des petits commerçants, qui dans les villes moyennes et petites prédominent toujours, trouva moyen de prendre en main la direction du mouvement. Nous avons vu, d'ailleurs, que dans cette lutte pour la constitution impériale et pour les droits du parlement allemand il y avait justement en jeu les intérêts de cette classe. Dans chacun des gouvernements provisoires établis dans les districts insurgés, la majorité représentait cette catégorie du peuple ; ce qu'elle accomplissait peut donc raisonnablement donner la mesure de ce dont la petite bourgeoisie est capable, capable, nous le verrons, de rien, si ce n'est de ruiner tout mouvement qui met sa confiance en elle. La petite bourgeoisie, grande par la vantardise, est impuissante pour l'action et craintive devant toute entreprise hasardeuse. La nature mesquine de ses opérations commerciales et financières est éminemment faite pour marquer son caractère de l'empreinte d'irrésolution et de manque d'initiative ; il faut s'attendre à ce que son activité politique offre la même caractéristique. Ainsi la petite bourgeoisie encouragea l'insurrection par des paroles ronflantes et force bravades sur ce qu'elle allait accomplir ; elle était toute disposée à s'emparer du pouvoir aussitôt que l'insurrection, bien malgré elle, avait éclaté, et elle ne se servit du pouvoir que pour annuler l'effet de l'insurrection. Partout où un conflit à main armée avait amené une crise sérieuse, les petits bourgeois étaient atterrés par la situation dangereuse qui leur était faite ; atterrés par le peuple qui avait pris au sérieux leurs grandiloquents appels aux armes ; atterrés, par-dessus tout, par les conséquences que pourrait avoir pour leurs positions sociales, pour leurs fortunes, la politique où ils avaient été contraints de s'engager. N'attendait-on pas d'eux qu'ils risquassent « la vie et la propriété », comme ils avaient coutume de dire, pour la cause de l'insurrection ? N'étaient-ils pas obligés d'occuper des positions officielles dans l'insurrection, ce qui, en cas de défaite, les exposait à perdre leur capital ? Et, en cas de victoire, n'étaient-ils pas sûrs que les prolétaires victorieux, qui formaient le gros de l'armée combattante, s'empresseraient de les chasser de leurs placee et de bouleverser toute leur politique ? Placés ainsi entre des dangers opposés qui l'enserraient de toutes parts, la petite bourgeoisie ne savait faire d'autre usage de son pouvoir que de laisser les choses aller à l'aventure, ce qui, comme de juste, détruisait le peu de chances qui pouvaient exister encore et ruinait l'insurrection. Sa tactique, ou plutôt son manque de tactique, était partout la même ; c'est pourquoi les insurrections de mai 1849, partout en Allemagne, sont taillées sur le même patron.

A Dresde la lutte dura quatre jours dans les rues de la ville. La petite bourgeoisie de Dresde, la « garde communale », non seulement ne se battait pas, mais, en nombre de cas, favorisait les opérations des troupes contre les insurgés. Ces derniers, encore une fois, se composaient presque en entier des ouvriers des districts manufacturiers environnants. Ils rencontrèrent un chef capable et de sang-froid dans le réfugié russe, Michel Bakounine, qui plus tard fut fait prisonnier et est actuellement enfermé dans les dongeons de Munkacko, en Hongrie. L'intervention de troupes prussiennes nombreuses écrasa cette insurrection.

Dans la Prusse Rhénane les combats furent insignifiants. Comme toutes les grandes villes étaient des forteresses commandées par des citadelles, les insurgées ne pouvaient combattre que par escarmouches. Dès qu'un nombre suffisant de troupes était rassemblé, c'en était fait de l'opposition armée.

Dans le Palatinat et à Bade, au contraire, une riche et fertile province, et un Etat entier tombèrent entre les mains des insurgés. De l'argent, des armes, des soldats, des approvisionnements de guerre, tout s'y trouvait. Les soldats de l'armée régulière eux-mêmes s'allièrent avec les insurgés, et à Bade ils se trouvaient au premier rang. Les insurgés en Saxe et dans la Prusse Rhénane se sacrifièrent afin de donner au mouvement du midi de l'Allemagne le temps nécessaire pour s'organiser. Jamais insurrection provinciale et partielle ne s'est trouvée dans une position aussi avantageuse. On attendait une révolution à Paris ; dans tous les Etats du centre de l'Allemagne, non seulement le peuple, mais encore les troupes étaient favorables à l'insurrection et ne demandaient qu'une occasion pour se joindre à elle ouvertement. Et cependant le mouvement, une fois tombé entre les mains de la petite bourgeoisie, était dès lors voué à la ruine. Les régents petits bourgeois, ceux de Bade surtout — M. Brentano à la tête — n'oublièrent jamais qu'en usurpant la place et les prérogatives du souverain « légal », le Grand Duc, ils commettaient le crime de haute trahison. Ils s'installèrent dans leurs fauteuils ministériels avec, dans le cœur, le sentiment de leur crime. Que peut-on demander de pareils poltrons ? Ils faisaient pis qu'abandonner l'insurrection à son propre mouvement spontané, non centralisé et partant inefficace ; ils faisaient tout ce qui dépendait d'eux pour ôter l'aiguillon du mouvement, pour l'énerver, pour le mettre à néant. Et ils y réussirent, grâce à l'appui zélé de cette classe de profonds politiciens, les héros « démocratiques » de la petite bourgeoisie qui s'imaginaient sérieusement « sauver le pays », alors qu'ils se laissaient mener par le bout du nez par une poignée d'hommes plus avisés qu'eux, tels que M. Brentano.

En ce qui concerne les mesures militaires, jamais des opérations de guerre ne furent exécutées de plus nonchalante, de plus inepte façon que sous le commandement du général en chef de Bade, Sigel, ex-lieutenant dans l'armée régulière. On avait porté partout la confusion ; on laissait échapper chaque bonne occasion, on perdait chaque minute précieuse à projeter des entreprises colossales, mais impraticables; et quand enfin le doué polonais Miéroslawski prit le commandement, l'armée était désorganisée, battue, découragée, mal approvisionnée, en face d'un ennemi quatre fois plus nombreux ; en sorte que tout ce qu'il pouvait faire, c'était de livrer une bataille glorieuse mais inefficace, opérer une retraite habile, combattre un dernier combat désespéré sous les murs de Rastatt, et démissionner.

Ainsi que dans toute guerre insurrectionnelle où les troupes se composent d'un mélange de soldats bien exercés et de recrues inexpérimentés, il y eut dans l'armée révolutionnaire abondance d'héroïsme et abondance de panique indigne de soldats, et parfois inexplicable; mais pour si imparfaite qu'elle dut nécessairement être, elle eut du moins cette satisfaction qu'une force de quatre fois son nombre n'était pas considérée comme suffisante pour la mettre en déroute et que cent mille hommes de troupe de ligne, dans une campagne contre 20.000 insurgés, la traitaient militairement avec autant d'égards que s'ils eussent eu à combattre la vieille garde de Napoléon.

L'insurrection avait éclaté en mai; au milieu de juillet 1849 elle était complètement vaincue et la première révolution allemande était close.

XIX

DISPARITION DU PARLEMENT ET FIN DE L'INSURRECTION

LONDRES, 24 Septembre 1852.

Pendant que le Sud et l'Ouest de l'Allemagne étaient en insurrection ouverte et pendant que les gouvernements, depuis le commencement des hostilités à Dresde jusqu'à la capitulation de Rastatt, mettaient plus de dix semaines à étouffer les dernières flammes jetées par la première Révolution allemande, l'Assemblée nationale disparut de la scène politique, sans que personne prît garde à sa sortie.

Nous avions laissé ce corps auguste à Francfort, rendu perplexe par les insolents attentats des gouvernements contre sa dignité, par l'incapacité et l'inertie traîtresse du pouvoir central créé par lui, par le soulèvement de la petite bourgeoisie pour sa défense et par celui de la classe ouvrière pour un but ultime plus révolutionnaire. La désolation et le désespoir régnaient en maître parmi ses membres, les événements avaient subitement pris une forme si nette et si arrêtée qu'en peu de jours les illusions de ces doctes législateurs sur leur pouvoir et leur influence réels s'étaient complètement écroulées. Les conservateurs, au signal donné par les gouvernements, s'étaient déjà retirés d'une assemblée qui désormais ne pouvait continuer d'exister qu'au mépris des autorités constituées. Les libéraux, en pleine déconfiture, jetèrent le manche après la cognée, et déposèrent, eux aussi, leurs mandats de députés. Les honorables députés décampèrent par centaines. De 8 à 900 qu'ils étaient au début, leur nombre se réduisit avec une telle rapidité que, peu de jours après, il suffisait de cent députés pour être en nombre pour délibérer. Et on eut de la peine à atteindre ce chiffre, quoique le parti démocratique tout entier fût demeuré au poste.

La voie à suivre par ces débris d'un parlement était toute tracée. Ils devaient s'allier ouvertement et résolument avec l'insurrection, lui prêter ainsi toute la force que pouvait conférer la légalité, en même temps qu'ils s'assuraient une armée pour leur propre défense. Ils devaient sommer le pouvoir central de cesser immédiatement les hostilités, et si, comme c'était à prévoir, ce pouvoir ne voulait ni ne pouvait le faire, le déposer aussitôt et le remplacer par un gouvernement plus énergique. Que s'il était impossible d'amener les troupes insurgées à Francfort (chose facile dans les commencements, alors que les gouvernements des Etats étaient peu préparés et encore hésitants), l'assemblée devait se porter de suite au centre même du lieu insurgé. Tout cela exécuté promptement et énergiquement, pas plus tard que vers le milieu ou la fin de mai et il y avait chance de succès à la fois pour l'insurrection et l'Assemblée nationale.

Agir aussi énergiquement n'était pas le fait des représentants de la boutiquocratie allemande. Ces ambitieux hommes d'Etat ne s'étaient pas du tout affranchis de leurs illusions. Les députés qui avaient perdu leur croyance fataliste dans la force et l'inviolabilité du parlement, avaient déjà déguerpi ; les démocrates qui restaient, n'étaient nullement disposés à renoncer aux rêves de puissance et de grandeur qu'ils avaient caressés douze mois durant. Fidèles à la méthode qu'ils avaient suivie dans le passé, ils reculèrent devant toute action décisive jusqu'au moment où toute chance de succès et même toute chance de défaite avec les honneurs de la guerre avait disparu. Pour le plaisir de déployer une activité factice et brouillonne, dont l'inanité jointe aux plus grandes prétentions ne pouvait pas ne pas exciter la pitié et la raillerie, ils continuèrent à adresser résolutions, adresses et requêtes à un vicaire impérial qui ne faisait pas attention à eux ; à des ministres qui étaient ouvertement ligués avec leur ennemi. Et quand, à la fin, Wilhelm Wolff, député de Striegau, un des rédacteurs de la *Neue Rheinische Zeitung*, le seul homme vraiment révolutionnaire de toute l'assemblée, leur dit que s'ils parlaient pour de bon ils feraient bien de couper court à leur parlerie et de déclarer hors la loi le vicaire impérial, le plus grand traître du pays, c'est alors que toute la vertueuse indignation comprimée de ces messieurs parlementaires éclata avec une énergie que jamais ils n'avaient trouvée quand les gouvernements les avaient accablés d'insultes.

Naturellement, puisque la proposition de Wolff était la première parole sensée prononcée dans l'enceinte de l'église de St-Paul ; naturellement, puisque ce qu'il demandait était d'une nécessité urgente ; un langage aussi net, allant droit au but, devait forcément révolter un tas de sentimentalistes qui n'étaient décidés que dans l'indécision et qui, trop lâches pour agir, s'étaient dits, une fois pour toutes, qu'en ne faisant rien ils faisaient exactement ce qu'ils devaient faire. Chaque mot qui, pareil à l'éclair, dissipait les ténèbres où leur esprit se complaisait, chaque avertissement de nature à les tirer du labyrinthe où ils s'obstinaient à demeurer le plus longtemps possible, toute conception nette de l'état réel des choses était naturellement un crime de lèse-majesté envers cette assemblée souveraine.

Peu de temps après, la position des honorables députés était devenue intenable ; en dépit de résolutions, interpellations et proclamations, ils se retirèrent, mais non dans les lieux insurgés ; c'eût été trop hardi. Ils s'en allèrent à Stuttgart, où le gouvernement de Wurtemberg observait une sorte de neutralité expectative. Là, enfin, ils déclarèrent la déchéance du vicaire de l'empire et élirent une régence de cinq membres dans leur propre sein. Cette régence s'empressa de faire adopter une loi de milice qui fut bel et bien et dans les formes voulues communiquée à tous les gouvernements d'Allemagne. On les somma, eux, les ennemis déclarés de l'assemblée, de recruter des forces pour sa défense. Puis on créa, sur le papier, bien entendu, une armée pour défendre l'Assemblée nationale. Divisions, brigades, régiments, batteries, tout fut réglementé, ordonné. Rien ne manquait, si ce n'est la réalité, car cette armée, est-il besoin de le dire, ne vit jamais le jour.

Il restait à l'assemblée une dernière ressource. Des quatre coins du pays la population démocratique envoya des députations qui se mettaient à la disposition du parlement et l'incitaient à une action décisive. Le peuple, qui connaissait les intentions du gouvernement de Wurtemberg, suppliait l'Assemblée nationale de forcer ce gouvernement à participer ouvertement et énergiquement à l'insurrection voisine. Eh bien, non. L'assemblée par son départ pour Stuttgart s'était livrée à la merci du gouvernement de Wurtemberg. Les députés le savaient bien et réprimèrent le mouvement dans le peuple. Ils perdirent ainsi le dernier reste de l'influence qu'ils auraient pu conserver encore. Ils récoltèrent le mépris qu'ils méritaient, et le gouvernement de Wurtemberg, sous la pression de la Prusse et du vicaire impérial, mit fin à la farce démocratique en fermant la salle de réunion du Parlement et en ordonnant aux membres de la régence de quitter le pays.

Ensuite, ils s'en allèrent à Bade, au camp de l'insurrection ; mais là ils étaient désormais de trop. Personne ne prêtait attention à eux. La régence cependant, au nom du peuple allemand souverain, continuait par ses efforts de sauver le pays. Elle essaya de se faire reconnaître par les puissances étrangères en délivrant des passeports à tous ceux qui voulaient bien en accepter. Elle lança des proclamations et envoya des commissaires pour soulever ces districts de Wurtemberg dont elle avait refusé le concours alors qu'il en était temps encore ; naturellement sans résultat. Nous avons sous les yeux un rapport original, adressé à la Régence par un de ces commissaires, Herr Roesler, député d'Oels, dont le contenu est assez caractéristique. Il est daté de Stuttgart, le 30 juillet 1849. Après avoir décrit les aventures d'une demi-douzaine de ces commissaires faisant une chasse infructueuse à l'argent, il formule une série d'excuses de ne s'être pas encore rendu à son poste. Et puis il se livre à une sérieuse argumentation sur les différends probables entre la Prusse, l'Autriche, la Bavière et Wurtemberg, et leurs conséquences possibles. Après un examen approfondi, il arrive à la conclusion qu'il n'y a plus rien à espérer. Et puis, il propose d'établir des relais d'hommes de confiance pour la transmission des nouvelles, ainsi qu'un système d'espionnage pour découvrir les intentions du ministère wurtembergeois et les mouvements des troupes. Cette lettre n'est jamais parvenue à son adresse, car au moment où elle fut écrite, la *Régence* avait déjà passé au « ministère de l'extérieur », c'est-à-dire, en Suisse ; et pendant que le pauvre M. Roesler se cassait la tête à vouloir démêler les intentions du ministère formidable d'un royaume de sixième ordre, cent mille soldats prussiens, bavarois et hessois avaient déjà réglé l'affaire par une dernière bataille sous les murs de Rastatt.

Ainsi s'évanouit le parlement allemand et avec lui la première et dernière création de la révolution. Sa convocation avait été le premier témoignage qu'une révolution *avait réellement eu lieu* en Allemagne, et il existait tant que celle-ci, la première révolution allemande moderne, n'était pas close. Elue, sous l'influence d'une classe capitaliste, par une population rurale démembrée et désagrégée, à peine émergée pour la plupart de la torpeur féodale, ce parlement servit à porter en bloc sur la scène politique tous les grands noms populaires de 1820-1848, et à les démolir complètement ensuite. Toutes les célébrités du libéralisme bourgeois y étaient réunies. La bourgeoisie attendait des miracles ; elle récolta la honte pour elle et pour ses représentants. La classe capitaliste, industrielle et commerciale avait subi une plus grave défaite en Allemagne que partout ailleurs ; tout d'abord battue, brisée, chassée des hauts emplois dans chaque ville d'Allemagne, elle fut ensuite vaincue, déshonorée et conspuée dans le parlement central. Désormais une politique libérale, le règne de la bourgeoisie, que ce soit sous forme de gouvernement monarchique ou républicain, est impossible en Allemagne.

Dans la dernière période de son existence, le parlement servit à déshonorer à tout jamais la fraction qui, depuis mars 1848, était à la tête de l'opposition officielle : les démocrates, les représentants des intérêts de la petite bourgeoisie et en partie aussi de la paysannerie. En mai et en juin 1849 cette classe eut l'occasion de montrer ses capacités pour fonder un gouvernement stable en Allemagne. Nous avons vu comment elle échoua, moins par suite de circonstances adverses qu'à cause de sa parfaite et persistante couardise dans tous les mouvements décisifs qui eurent lieu depuis l'explosion de la révolution et de l'esprit pusillanime et irrésolu qui caractérise ses opérations commerciales et qu'elle apporte dans la politique. En mai 1849, elle avait, grâce à ce procédé, perdu la confiance de la véritable armée militante des insurrections européennes, de la classe ouvrière. Et pourtant, tout n'était pas encore perdu pour elle.

Le parlement allemand lui appartenait exclusivement depuis le départ des réactionnaires et des libéraux. Elle avait pour elle la population rurale. Deux tiers des armées des petits Etats, un tiers de la *Landwehr* (la réserve ou la milice) étaient prêts à se joindre à elle, à la seule condition qu'elle agirait avec la détermination et le courage qui sont le résultat d'une vue nette de la situation. Or, les politiciens à la tête de cette classe n'étaient pas plus perspicaces que la masse des petits bourgeois qui les suivaient. Ils se montraient plus aveuglés, plus opiniâtrement attachés à des illusions nourries délibérément, plus crédules, plus incapables de compter résolument avec les faits que les libéraux eux-mêmes. Leur influence politique est égalemant tombée au-dessous de zéro. Cependant, comme ils n'avaient pas effectivement mis à exécution leurs banals principes, ils auraient pu dans des circonstances *très* favorables ressusciter momentanément, quand ce dernier espoir leur fut ravi, tout comme il fut ravi à leurs collègues de la « démocratie pure » en France, par le coup d'Etat de Louis Bonaparte.

La défaite de l'insurrection dans le sud-ouest de l'Allemagne et la dispersion du Parlement allemand clôt l'histoire de la première insurrection allemande. Il nous reste à jeter un coup d'œil sur les membres victorieux de l'alliance contre-révolutionnaire. Nous le ferons dans notre prochain article.

(Cet article n'a pu être retrouvé : s'il a été écrit, ce qui est probable, il n'a pas été publié).

XX

LE PROCÈS DES COMMUNISTES A COLOGNE

LONDRES, 1er Décembre 1852.

Par les journaux Européens vous aurez déjà reçu de nombreux rapports sur le procès monstre des communistes à Cologne et son dénouement. Mais comme aucun des rapports ne trace un tableau tant soit peu fidèle des faits, et comme ces faits jettent une lumière crue sur les moyens politiques à l'aide desquels le continent Européen est maintenu sous le joug, je crois devoir revenir sur ce procès.

Le parti communiste ou prolétarien, de même que les autres partis, avait perdu, par suite de la suppression des droits d'association et de réunion, les moyens de se donner une organisation légale sur le continent. De plus, ses chefs avaient été exilés de leurs pays. Mais aucun parti politique ne peut exister sans organisation, et si la bourgeoisie libérale et la petite bourgeoisie, grâce à leur position sociale, à leurs moyens matériels et aux relations journalières, établies de longue date, entre leurs membres, pouvaient jusqu'à un certain point suppléer au défaut de cette organisation, la classe prolétarienne, privée de cette position sociate et de ces moyens pécuniaires, devait nécessairement la chercher dans l'association secrète.

C'est pourquoi, en France, comme en Allemagne, surgissaient ces nombreuses sociétés secrètes, qui dès 1849 ont toutes, les unes après les autres, été découvertes par la police et poursuivies comme des conspirations. Or, si un grand nombre étaient réellement des conspirations faites avec l'intention formelle de renverser le gouvernement du jour — et lâche serait celui qui ne conspirerait pas en certaines circonstances, comme serait imbécile celui qui le ferait en d'autres — il existait aussi des sociétés créées dans un but plus élevé et plus large. Celles-là savaient que le renversement d'un gouvernement établi ne serait qu'une étape passagère dans la grande lutte imminente, et elles avaient pour but de préparer et consolider le parti, dont elles formaient le noyau, pour le derniercombat décisif qui doit un jour ou l'autre mettre à néant la domination, non pas des seuls « tyrans », « despotes » et « usurpateurs », mais d'un pouvoir autrement puissant et formidable, celui du capital sur le travail.

Le parti communiste avancé en Allemagne était organisé de la manière suivante. D'accord avec les principes du Manifeste (publié en 1848) et avec ceux qui sont exposés dans une série d'articles sur la *Révolution et la contre-Révolution en Allemagne* publié dans la *New York Daily Tribune*, ce parti ne s'était jamais imaginé qu'il pourrait, à son gré et à l'heure voulue, faire éclater la révolution qui devait réaliser ses idées. Il étudiait les causes qui avaient produit les mouvements révolutionnaires en 1848 et les causes qui les avaient fait avorter. Ayant reconnu que l'antagonisme social des classes était au fond de toutes les luttes politiques, il s'appliquait à étudier les conditions dans lesquelles une classe de la société peut et doit être appelée à représenter l'ensemble des intérêts d'une nation, et partant à la gouverner politiquement. L'histoire montra au parti communiste comment, après l'aristocratie foncière du moyen âge, la puissance de l'argent, avec les premiers capitalistes, s'éleva et saisit les rênes du gouvernement; comment l'influence sociale et le règne politique de cette fraction des capitalistes, les financiers, fut supplantée par la force croissante, depuis l'introduction de la vapeur, des capitalistes industriels, et comment, à l'heure présente, deux autres classes encore revendiquent la domination à leur tour, la classe des petits commerçants et celle des ouvriers industriels. L'expérience révolutionnaire pratique de 1848-49 confirma les raisonnements de la théorie, lesquels aboutissaient à cette conclusion, que la démocratie des petits bourgeois devait tout d'abord avoir son tour au gouvernement avant que la classe ouvrière communiste pût espérer établir un pouvoir permanent et détruire ce système de l'esclavage du salariat qui le maintient sous le joug de la bourgeoisie.

L'organisation secrète des communistes ne pouvait donc avoir pour but direct le renversement des gouvernements établis en Allemagne. Etant créée pour renverser non ceux-ci mais le gouvernement insurrectionnel qui tôt ou tard doit lui succéder, ses membres, individuellement, auraient pu prêter, et certes auraient prêté main forte à un mouvement révolutionnaire contre le *statu quo*, mais la préparation d'un pareil mouvement, autrement que par la propagande secrète des idées communistes dans les masses, ne pouvait être l'objectif de la ligue. Cette base de l'association était si bien comprise par la majorité de ses membres, que lorsque certains ambitieux arrivistes parmi eux essayèrent de la transformer en une conspiration pour improviser des révolutions, ils furent promptement expulsés.

Une telle association ne pouvait, d'après aucune loi du monde, être appelée un complot, une ligue de conspirateurs pour des fins de haute trahison. Si c'était une conspiration, c'en était une, non contre le gouvernement existant, mais contre ses successeurs probables. Et le gouvernement prussien ne s'y trompait pas. C'est là la raison pour laquelle on gardait les onze accusés en prison cellulaire pendant dix-huit mois, employés par les autorités à exécuter des tours de force judiciaires les plus étranges. Figurez-vous que les prévenus après huit mois de prison préventive furent renvoyés pendant plusieurs mois encore « faute de preuves contre eux d'un crime quelconque ». Et quand enfin ils furent traduits devant le jury, pas un seul acte manifeste portant le caractère de haute trahison ne put être prouvé contre eux. Et néanmoins ils furent condamnés. Vous allez voir comment. Un des émissaires de la ligue fut arrêté en mai 1851 et sur la foi de documents trouvés sur lui on procéda à d'autres arrestations. Un agent de police prussien, un nommé Stieber, reçut le mandat de suivre à Londres les ramifications de ce prétendu complot. Il réussit à s'emparer de certains papiers appartenant aux scissionnaires de la ligue susmentionnée, lesquels après avoir été expulsés, avaient effectivement organisé un complot à Paris et à Londres. Ces papiers, on se les était procurés par un double crime. On suborna un individu du nom de Reuter pour voler des papiers en forçant le pupitre du secrétaire de la société. Ce n'était rien encore. Ce vol amena la découverte du soi-disant complot franco-allemand à Paris et la condamnation des conspirateurs, mais ne donnait point d'indices sur la grande ligue communiste. Le complot parisien, soit dit en passant, était dirigé par une poignée d'imbéciles ambitieux et de chevaliers d'industrie politiques, et par un individu condamné jadis comme faussaire, agissant alors comme agent de police à Paris; les dupes qu'ils avaient faites compensaient par une déclamation effrénée et des cris d'énergumènes altérés de sang la parfaite insignifiance de leur existence politique.

Force fut à la police prussienne de se mettre

à l'affût de nouvelles découvertes. Elle établit un bureau régulier de police secrète à l'ambassade prussienne à Londres. Un agent de police appelé Greif exerçait son odieux métier sous le titre d'attaché d'ambassade — un procédé qui devrait suffire pour mettre hors le droit international toutes les ambassades prussiennes, et auquel l'Autriche elle-même n'a pas encore osé recourir. Sous ses ordres travaillait un certain Fleury, commerçant à Londres, un homme possédant quelque fortune et ayant des relations assez respectables, une de ces basses créatures qui commettent les plus viles actions par un penchant inné à l'infamie. Un autre agent était un employé de commerce nommé Hirsch qui, lui, avait déjà été dénoncé comme espion lors de son arrivée. Il s'introduisit dans la société de quelques réfugiés communistes allemands à Londres, lesquels, dans le but d'obtenir des preuves de son véritable caractère, l'avaient admis pendant un certain temps. Les preuves de ses rapports avec la police furent vite acquises, et à partir de ce moment M. Hirsch s'éclipsa. Bien qu'il renonçât de la sorte à toutes les occasions d'obtenir les renseignements qu'il était payé pour se procurer, il n'en restait pas pour cela inactif. De sa retraite à Kensington, où jamais il ne rencontrait aucun des communistes en question, il fabriquait de semaine en semaine des soi-disant rapports de soi-disant séances d'un soi-disant comité central de cette même conspiration sur laquelle la police prussienne ne parvenait pas à mettre la main. Le contenu de ces rapports était des plus absurdes ; aucun prénom n'était le vrai ; aucun nom n'était correctement orthographié ; on ne faisait tenir à aucun individu le langage que selon toute probabilité il aurait tenu. Son patron, Fleury, l'aidait dans ses faux, et il n'est pas encore prouvé que l' « attaché » Greif puisse se laver les mains de ces procédés infâmes. Le gouvernement, chose incroyable, prenait ces ineptes fabrications pour de la vérité d'Evangile, et l'on s'imagine la confusion que devait créer de telles dépositions dans le témoignage porté devant le jury. A l'ouverture du procès, M. Stieber, l'agent de police déjà nommé, vint à la barre des témoins, attester avec serment la vérité de toutes ces absurdités, et avec pas de mal de suffisance persistait dans son dire que l'un de ses agents secrets était dans une parfaite intimité avec des personnages à Londres qui passaient pour être la cheville ouvrière de cette terrible conspiration. Bien secret en effet était cet agent, car huit mois durant il avait caché sa face par crainte de rencontrer en chair et en os un de ces hommes dont il prétendait rapporter de semaine en semaine les pensées, les paroles et les agissements les plus secrets.

MM. Hirsch et Fleury cependant tenaient en réserve une autre invention. Ils réunirent tous les rapports qu'ils avaient faits en un « procès-verbal original » des séances du comité secret suprême dont la police prussienne affirmait l'existence ; et comme M. Stieber s'était aperçu que ce procès-verbal concordait à merveille avec les rapports déjà fournis par les mêmes personnes, il le communiqua au jury, jurant que, après un examen sérieux, il avait acquis la conviction absolue de l'authenticité du procès-verbal. C'est alors que la plupart des absurdités rapportées par Hirsch furent rendues publiques. On se figure l'étonnement des prétendus membres de ce comité secret lorsqu'ils entendirent narrer sur leur compte des choses qu'ils ne soupçonnaient même pas. Tel qui avait été baptisé Guillaume s'appelait ici Louis ou Charles ; à d'aucuns on faisait prononcer un discours à Londres alors qu'ils se trouvaient à l'autre bout de l'Angleterre ; à d'autres encore on faisait lire des lettres qu'ils n'avaient jamais reçues ; on les faisait se réunir régulièrement tous les jeudis, alors qu'ils se réunissaient pour des fêtes familiales une fois par semaine, le mercredi ; un ouvrier qui savait à peine écrire, figurait comme un des auteurs des procès-verbaux et signait comme tel ; et à tous on prêtait une langue qui peut bien être celle des chambres des corps de garde prussiennes, mais qui n'est certainement pas celle d'une réunion où des hommes littéraires, honorablement connus dans leurs pays, formaient la majorité. Pour comble, on fabriqua un faux reçu d'une somme d'argent que les faussaires étaient censés avoir payée pour le procès-verbal au soi-disant secrétaire du comité central fictif ; or, l'existence de ce prétendu secrétaire ne reposait que sur un tour joué par quelque malin communiste à l'infortuné Hirsch.

Cette grossière machination était chose trop scandaleuse pour ne pas aller à l'encontre de son but. Quoique les amis londoniens des accusés fussent privés de tous les moyens de porter à la connaissance du jury les faits vrais ; quoique les lettres qu'ils adressaient aux avocats fussent supprimées par la poste, et que les documents et affidavits (déclarations sous serment) qu'ils parvenaient à faire remettre entre les mains des défenseurs ne fussent pas admis en témoignage, si grande était l'indignation générale que le procureur général et M. Stieber lui-même — qui sous la foi du serment avait garanti l'authenticité du procès-verbal — étaient contraints de conclure à un faux.

Au reste, la police s'était rendu coupable d'autres actes du même genre. Deux ou trois faits analogues furent divulgués au cours du procès. Au moyen d'interpolations faites par la police on avait altéré le sens des documents volés par Reuter. Un document d'un non-sens forcené imitait l'écriture du Docteur Marx, et l'on soutenait qu'il en était l'auteur, jusqu'à ce que, finalement, l'accusation fut obligée de reconnaître le faux.

Mais pour une infamie policière découverte, il en surgissait une demi-douzaine de nouvelles qu'on était impuissant à dévoiler sur le champ, parce que les défenseurs étaient pris à l'improviste, qu'il fallait faire venir les preuves de Londres, et que toute correspondance des défenseurs avec les réfugiés communistes à Londres était jugée, en pleine cour de justice, comme une preuve de complicité dans le prétendu complot.

Que Greif et Fleury sont bien réellement tels qu'on les représente ici, M. Stieber lui-même l'a déclaré dans son témoignage ; quant à Hirsch, après avoir avoué, devant un magistrat de Londres, avoir falsifié le procès-verbal par l'ordre et avec l'aide de Fleury, il s'est sauvé afin d'échapper à une poursuite criminelle.

Il eut été difficile au gouvernement de soutenir beaucoup de révélations aussi flétrissantes que celles mises au jour pendant le procès. Et pourtant il disposait d'un jury tel que la province rhénane n'en avait pas encore vu : six membres de la noblesse, deux fonctionnaires de l'Etat. Ce n'étaient pas là des hommes à examiner bien attentivement l'amas confus de témoignages amoncelés depuis six semaines, tandis qu'on leur cornait sans cesse aux oreilles que les accusés étaient les chefs d'une affreuse conspiration communiste ayant pour but le culbutement de tout ce qu'il y a de sacré, propriété, famille, religion, ordre, loi, gouvernement.

Et néanmoins, si le gouvernement n'avait pas donné à entendre aux classes privilégiées qu'un acquittement dans ce procès serait le signal pour la suppression du jury et qu'il serait interprété comme une manifestation politique directe — comme une preuve que l'opposition libérale bourgeoise était prête à faire alliance avec les révolutionnaires les plus extrêmes — le verdict eût été un acquittement.

En l'occurrence, l'application rétroactive du nouveau code prussien permit au gouvernement de condamner sept prisonniers tandis que quatre seulement furent acquittés : la peine prononcée contre les condamnés était la prison, variant de 3 à 6 ans. Vous avez sans doute déjà reçu et publié cette nouvelle (5).

NOTES DU TRADUCTEUR

I

Le *Zollverein* prusso-allemand commença à fonctionner en 1834. En abattant les barrières des petits Etats qui dressaient des obstacles à chaque pas, il ouvrit au commerce à l'intérieur un territoire de près de 8.000 lieues, occupées par 33 millions d'habitants, et créa ainsi un tout compact et unifié en face des puissances commerciales étrangères. Il excita beaucoup d'enthousiasme. On peut s'en rendre compte en relisant les paroles du voyageur, son compatriote, à Heine, devant la ligne douanière prussienne :

« Le Zollverein, disait-il, fondait notre nationalité, c'est lui qui fera un tout compact de notre patrie morcelée ».

« Il nous donne l'unité extérieure, l'unité matérielle ; la censure nous donne l'unité spirituelle, l'unité vraiment idéale ».

« Elle nous donne l'unité intime, l'unité de pensée et de conscience. Il nous faut une Allemagne une et unie, unie à l'extérieur et à l'intérieur » (*Conte d'hiver*).

II

La *Rheinische Zeitung*, journal politique et commercial, fut fondée en janvier 1842, à Cologne, comme l'organe de MM. Hansemann et Camphausen, riches commerçants. A côté de bourgeois libéraux, des « jeunes hégéliens » y collaboraient, parmi lesquels Bruno Bauer, Nauwerk, Stirner, Moses Hess et, plus tard, Karl Marx. Le journal soutenait le *Zollverein*, sur lequel, disait-il, était fondé le droit de l'Etat prussien à l'hégémonie sur l'Allemagne : il revendiquait le progrès économique, politique et intellectuel.

Avec l'entrée de Marx, à qui l'on offrit la

direction dans le courant de l'année, le journal prit une attitude plus radicale. Marx y critique les délibérations du Landtag rhénan en 1841 sur la liberté de la presse et sur la loi sur les vols forestiers : il dénonce les entreprises de la Féodalité et de la Bourgeoisie sur les biens communaux et le droit coutumier des pauvres, ainsi que la conduite du gouvernement à l'égard des misérables paysans de la Moselle.

L'opposition que faisait ce diable de journal devenant de jour en jour plus nette, malgré le censeur supplémentaire qu'avec une royale libéralité on lui avait octroyé, le gouvernement trouva que le plus court encore était de le supprimer. Ce qui fut fait en mars 1843.

III

Le premier numéro de la *Neue Rheinische Zeitung* parut le 1er juin 1848. La direction de la *Neue Rheinische Zeitung*, dit Engels, était la simple dictature de Marx, dont la clairvoyance et l'attitude sûre avaient fait de cette feuille le journal allemand le plus célèbre des années de la Révolution.

Ce fut une rude année de lutte que l'année que vécut le journal et c'était une vaillante et brillante jeune avant-garde qui combattait avec Marx. On attaquait le gouvernement, on attaquait la Russie, on attaquait la réaction et la contre-révolution dans tous les pays.

Marx, au lendemain de la défaite de la Révolution française de 48, glorifiait les vaincus de Juin dans un article enflammé qui horripilait à la fois l'absolutisme féodal, la bourgeoisie libérale et la bourgeoisie démocratique. Engels prenait à partie le panslavisme ; Wilhelm Wolff flétrissait la féodalité et se moquait des petites misères des petits Etats et de leurs petits régents ; Freiligrath donnait ses chansons révolutionnaires et Weerth narrait dans le feuilleton les aventures authentiques de Schnapphahnski-Crapulinski-Lichnowski.

Critiques et batailleurs, aussi fougueux et prompts à l'action que patients et méthodiques dans les recherches historiques et économiques, les rédacteurs de la *N. R. Z.* faisaient allègrement leur besogne révolutionnaire.

Après que le gouvernement prussien eût prononcé la dissolution de l'Assemblée de Berlin et que l'Assemblée eût voté une résolution déclarant illégale la levée des taxes, la *N. R. Z.* publia un appel au peuple où il l'engageait à refuser les taxes et à répondre à la force par la force. Le journal fut poursuivi pour « excitation à la rébellion ». Le jury de Cologne, au bout d'une demi-heure de délibérations, acquitta à l'unanimité les trois accusés : Karl Marx, rédacteur en chef, Karl Schapper, correcteur du journal, Schneider, avocat, et à la fin du procès l'un des jurés, au nom de ses collègues, fit des remerciements à Marx, qui avait au nom de la défense prononcé un brillant discours, pour sa très-instructive leçon.

Suspendu une première fois au mois de septembre, le journal fut définitivement supprimé le 19 mai 1849.

Dans le dernier numéro, imprimé en caractères rouges, les rédacteurs, en faisant leurs adieux aux ouvriers, les précautionnaient contre toute échauffourée : « Etant donné la situation militaire de Cologne, vous seriez perdus sans retour. Vous avez vu à Elberfeld comment la Bourgeoisie vous envoie au feu, quitte à vous trahir ensuite de la manière la plus infâme. L'état de siège à Berlin démoraliserait la province rhénane tout entière, et l'état de siège suivrait nécessairement tout soulèvement de votre part en ce moment. Votre calme fera le désespoir des Prussiens.

En prenant congé de vous, les rédacteurs de la *N. R. Z.* vous remercient des témoignages de votre sympathie. Leur dernier mot sera partout et toujours l'*Émancipation de la classe ouvrière* ».

IV

C'est à Wilhelm Wolff, « à son inoubliable ami, au courageux, fidèle et noble champion du prolétariat » que Karl Marx a dédié le premier volume du *Capital*.

Né en 1809 à Tarnau, fils d'un paysan silésien serf, Wolff a nourri toute sa vie une implacable haine contre les oppresseurs de sa classe.

Dans la *Neue Rheinische Zeitung* il ouvrit la campagne contre les seigneurs féodaux, laquelle culmina dans la *Schlesische Milliarde* (milliard silésien). Dans une série de huit articles il flétrissait la féodalité d'une façon qui flétrissait à la fois bourgeois, seigneurs et gouvernants. Ces articles produisirent un effet extraordinaire et furent répandus par milliers en Silésie. Ses écrits sur les émeutes des tisserands silésiens témoignent de son grand sens des questions économiques et de son profond amour pour le prolétariat.

Dans l'introduction à la *Schlesische Milliarde* Engels fait un portrait vivant du petit paysan trapu « dont la physionomie dénotait autant de bienveillance que de tranquille décision »; de l'ami qui, à partir de 1846, où Marx, Engels et Wolff se virent pour la première fois à Bruxelles, jusqu'à sa mort, en exil, en 1864, resta fidèle aux deux amis, ses frères d'armes : Engels et Marx. « Pendant plusieurs années, écrit Engels, Wolff était le seul coréligionnaire (*Gesinnungs-Genosse*) que j'avais à Manchester ; nous nous voyions presque tous les jours et là encore « j'eus l'occasion d'admirer la justesse pour ainsi dire instinctive du jugement qu'il portait sur les événements du jour ».

Voici les paroles prononcées par Wolff dans la mémorable séance de l'Assemblée Nationale dont il est parlé p. 200.

Wolff (Breslau) : « Messieurs, je me suis fait inscrire contre la Proclamation au Peuple, rédigée par la majorité et dont lecture a été donnée ici, parce que je ne la trouve nullement à la hauteur de la situation actuelle, parce que je la trouve beaucoup trop faible

— propre tout au plus à être publiée comme un article de journal dans les feuilles du jour qui représentent le parti duquel émane cette Proclamation, mais non pas comme une Proclamation au Peuple allemand..... Non Messieurs, si vous tenez à conserver une influence quelconque sur le peuple, vous ne devez pas lui parler comme vous le faites dans votre Proclamation. Vous ne devez pas lui parler de légalité et de terrain légal, et autres choses semblables, mais bien d'illégalité, à la façon des RUSSES, et par Russes j'entends les Prussiens, les Autrichiens, les Bavarois, et les Hanovriens (bruit et rires). Tous ceux-là sont compris sous la dénomination commune de Russes (hilarité). Oui, Messieurs, les Russes sont représentés aussi dans cette assemblée. Il faut leur dire : nous nous plaçons sur le terrain légal tout comme vous vous y placez. C'est le terrain de la FORCE, et expliquez leur, entre parenthèse, que ce que vous entendez par la légalité, c'est opposer la force, des colonnes d'attaque bien organisées aux canons des Russes. Si l'on doit publier une Proclamation, que c'en soit une où dès l'abord on déclare hors la loi *le premier traître du peuple, le vicaire de l'empire !* (A l'ordre. Vifs applaudissements dans les galeries). *Qu'il en soit de même de tous les ministres !* (Bruit). Oh, je ne me laisserai pas troubler. Il *est* le premier traitre du peuple.

Le Président Reh : M Wolff a, je le crois, blessé toutes les convenances. Il ne peut, dans cette Chambre, appeler l'archiduc, le vicaire de l'empire, traître au peuple et je dois le rappeler à l'ordre.

Wolff : Pour moi, j'accepte ce rappel à l'ordre et je déclare que *j'ai voulu* enfreindre l'ordre et que *lui* et *ses ministres* sont des traîtres (A l'ordre ! c'est de la grossièreté).

Président : Je vous retire la parole.

Wolff : C'est bien, mais *je proteste*. J'ai voulu parler ici au nom du peuple et vous dire comment on pense dans le peuple. Je proteste contre toute Proclamation redigée dans le sens de celle de la majorité.

V

Dans les *Révélations sur le Procès communiste de Cologne* dont la publication suivit de près le procès, Marx clouait au pilori le gouvernement prussien : « Dans la personne, dit-il, des accusés le prolétariat révolutionnaire se trouvait sans armes en face des classes régnantes, représentées par le jury : les accusés étaient donc condamnés parce qu'ils se trouvaient devant ce Jury. Ce qui aurait pu, un instant, ébranler la conscience du jury, comme cela avait ébranlé l'opinion publique, c'était l'intrigue gouvernementale mise à nu, la corruption du gouvernement prussien qui s'était dévoilée sous leurs yeux. Mais, se disaient les jurés, mais si le gouvernement ose user contre les accusés de moyens aussi téméraires et aussi infâmes, c'est que les accusés — petit parti tant qu'on voudra — doivent être diablement dangereux et qu'en tout cas leur doctrine doit être une force. Le gouvernement a violé toutes les lois du code criminel à seule fin de nous protéger contre le criminel monstre : de notre côté, faisons violence à notre brin de point d'honneur pour sauver l'honneur du gouvernement. Soyons reconnaissants. Condamnons.

« En prononçant leur COUPABLE, noblesse rhénane et bourgeoisie rhénane mêlèrent leur voix au cri qu'avait poussé la bourgeoisie française après le deux décembre : « il n'y a plus que le vol pour sauver la propriété, le parjure pour sauver la religion, la bâtardise pour sauver la famille, le désordre pour sauver l'ordre ! »

« L'édifice de l'Etat tout entier s'est prostitué en France. Mais nulle institution n'est tombée dans les bas fonds de la prostitution où sont tombés les juges et les jurés français. Surpassons les jurés et les juges français : s'écrièrent jury et cour de justice de Cologne.

« Lors du procès Cherval, au lendemain du coup d'Etat, le jury de Paris avait acquitté Nette, contre qui il y avait plus de charges que contre n'importe lequel des accusés. Surpassons le coup d'Etat du 2 décembre. Dans la personne de Röser, Bürger, etc., condamnons Nette après coup.

« C'est ainsi que la croyance dans le jury, qui florissait encore dans la Prusse rhénane, fut tuée à jamais. On comprit que le jury est un tribunal des classes privilégiées, organisé pour combler les lacunes de la loi par l'ampleur de la conscience bourgeoise.

« Et dans une postface à une réédition des *Révélations* dans le *Volksstaat* en 1875, Marx écrit :

« Après la défaite de la révolution de 1848 le mouvement ouvrier allemand n'existait plus que sous la forme de la propagande théorique, et encore de la propagande confinée dans d'étroites limites. Elle ne présentait pas le moindre danger pratique, et le gouvernement ne s'y trompait pas un seul instant; la persécution des communistes n'était pour lui que le prélude à la croisade réactionnaire contre la bourgeoisie libérale ; et la bourgeoisie elle-même trempait l'arme principale de cette réaction, — la police politique — en condamnant les représentants des ouvriers et en acquittant Hinckeldey-Stieber. C'est ainsi que Stieber gagna ses éperons de chevalier aux assises de Cologne. En ce temps là Stieber était le nom d'un politicien en sous-ordre qui faisait une chasse folle à l'augmentation de traitement et à l'avancement : aujourd'hui Stieber signifie la domination illimitée de la police politique dans le nouveau saint royaume prusso-allemand. Il s'est ainsi, en quelque sorte, métamorphosé en une personne morale, morale au sens figuré, comme, par ex., le Reichstag est un être moral.

« Et cette fois la police politique ne frappe pas l'ouvrier pour atteindre le bourgeois. Au contraire. C'est précisément en sa qualité de dictateur de la bourgeoisie libérale allemande que Bismarck s'imagine être assez fort pour pouvoir, à l'aide des Stieber, chasser hors du monde le parti ouvrier. A la croissance de la grandeur de Stieber le prolétariat peut mesurer le progrès qu'il a lui-même accompli depuis le procès de Cologne.

« Le procès de Cologne stigmatise l'impuissance de l'Etat dans sa lutte contre le développement social. Le procureur général du royaume de la Prusse fondait, en dernier ressort, la culpabilité des accusés sur la propagation secrète des principes du *Manifeste communiste,* qui constituaient un danger pour l'Etat.

« Et, malgré cela, ces principes, vingt ans après, ne sont-ils pas proclamés sur les places publiques en Allemagne? Ne résonnent-ils pas du haut de la tribune même du Reichstag ? N'ont-ils pas, sous la forme du *Programme de l'Association Internationale des Travailleurs,* fait leur tour du monde, au mépris de tous les mandats d'arrêt gouvernementaux?

« C'est, aussi bien, que la société ne trouve pas son équilibre jusqu'à ce qu'elle tourne autour du soleil, le travail. »

TABLES DES MATIÈRES

Laval. — Imprimerie parisienne, L. BARNÉOUD & Cie.

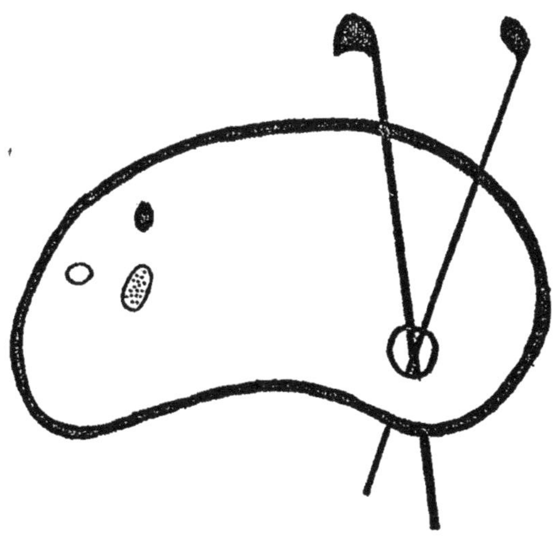

www.ingramcontent.com/pod-product-compliance
Ingram Content Group UK Ltd.
Pitfield, Milton Keynes, MK11 3LW, UK
UKHW020117200726
13856UKWH00002B/585

9 782011 949462